강화도의
역사와 문화

강화도의 역사와 문화

이형구 지음

새녘

🌳 자서

  2016년은 '한불(韓佛)우호통상조약'이 체결된 지 130주년이 되는 해였다. 그러나 우리는 프랑스 함대가 조선을 침략한 병인양요가 발발한 지 150주년이 되는 해라는 사실은 잊고 있다. 이후 미국의 신미양요 그리고 일본의 운양호사건이 계속 강화도에서 발생하였다. 이때부터 강화도에서 근대사가 시작된다. 그뿐만이 아니라. 고대의 역사도 강화도에서부터 시작된다. 그래서 강화도를 우리나라 역사의 축소판이라고 한다.

  강화도(江華島)는 우리나라 중부를 흐르는 한강(漢江)의 관문으로 서해안에 자리 잡고 있는 섬이다. 크기는 거제도보다 작지만 선사시대부터 많은 사람들이 살기 시작하여 지금도 강화도에는 그때에 세워진 고인돌무덤이 많이 남아있다.

  이 고인돌무덤은 우리나라 청동기시대에 강화도에 살던 사람들의 고대 사회 지도급 인물이 묻힌 무덤이다. 땅위에 사방으로 넓은 돌을 세우고 죽은 이를 묻은 다음 그 위에 또 다시 넓은 돌을 덮었다. 과학기술이 발달한 지금도 채석하거나 운반하기 어려운 큰 돌을 수십 리 밖에서 어떻게 옮겨 세워놓았는지 알 수가 없다.

  강화도에는 우리나라 최초의 국가인 고조선 시기의 유적이 있다고 『고려사』에 전해 내려오고 있다. 그 대표적인 것이 단군이 하늘에 제사지내던 제단으로 알려진 마니산 참성단과 단군이 세 아들로 하여금

성을 쌓게 했다고 하는 삼랑성이다. 그리고 참성단 제천행사와 관계되는 유적으로 천재암지와 조선조 숙종 때 참성단을 중수하면서 세운 참성단중수비가 있다. 삼랑성은 근세에 와서 외적을 물리치는 데 큰 공을 세운 대불항전(對佛抗爭) 전적지로 알려져 있다.

『삼국사기』에 의하면 강화도는 백제 고이왕 3년(236)에 '대도(大島)'로 알려져 있으며, 고구려 시기에는 혈구군(穴口郡)으로 불렸다가 신라 경덕왕 16년(758)에 해구군(海口郡)으로 이름이 바뀐다. 고려 태조 22년(939)에는 현으로 개편되어 강화현(江華縣)이라고 불리면서 처음으로 '강화(江華)'라는 지명이 등장한다.

강화도에서는 그 어느 시대보다도 고려시대에 우리 민족에게 잊지 못할 역사가 전개된다. 고려 고종(高宗)때인 1231년 몽골(蒙古)로부터 침입을 당하여 왕을 비롯한 고려 왕실은 물론이고 조정의 모든 관료와 백성들까지 강화도로 천도(遷都)하여 무려 39년(1232~1270)이란 긴 세월을 거대 제국 몽골 군대와 대치한 역사를 남기기도 했다. 그래서 지금도 강화도에는 고려의 강화도 도읍시기의 왕궁 터가 남아 있고, 고려의 왕궁을 둘러쌓았던 성곽의 일부도 찾아 볼 수 있다.

고려의 강도(江都)에는 우리가 잘 아는 팔만대장경이 이곳 강화도에서 16년 동안 제작되어 불심(佛心)으로 나라를 지켜냈다. 그리고 강화도 남쪽에 있는 마니산 꼭대기에는 참성단(塹城壇)을 중건하여 하늘과 단군왕검께 제사를 지낸다. 그것은 바로 당시 고려 민족의 정통성을 세계에 알리는 대역사(大役事)이기도 하다. 고려시대의 단군숭배사상은 대몽항쟁(對蒙抗爭)의 정신적 지주 역할을 하였다.

고려는 몽골과의 항쟁을 통해서 이 나라 이 민족을 이어왔다. 고려 수도 개경(開京)을 버리고 일개 작은 섬으로 천도했던 사실만을 들어 왜소한 정부, 무력한 임금으로 인식되어 왔으나, 당시의 임금(고종)이나 모든 고려인들이 나라를 지킨 구국(救國)정신이 아니었다면 오늘의 우리는 물론 우리 대한민국도 없었을 것이다. 그래서 강화도의 역사를 한국사의 축소판이라고 한다.

조선조 인조 때(1636)에 만주 지방에서 일어난 청(淸)의 태종이 쳐들어오므로 먼저 왕자를 비롯하여 비빈(妃嬪), 왕실 귀족과 신하들이 모두 강화도로 피난하였으나 인조는 미처 강화도로 가지 못하여 남한산성으로 피란하였다. 그러나 남한산성보다 먼저 강화도가 적의 손에 넘어가게 되어 인조는 청나라에 굴욕적인 항복을 하게 된다. 이 전란을 조선 역사상 병자호란(丙子胡亂)이라고 하는데, 이때도 강화도는 조선 조정을 지키는데 매우 중요한 역할을 했다.

이후 효종과 숙종은 외적에 대비하기 위해 강화도 해안 전역에 5좌의 진(鎭)과 7좌의 보(堡), 8좌의 포대(砲臺), 53좌의 돈대(墩臺) 그리고 8개의 봉수(烽燧)를 쌓았다. 지금은 대부분 훼손되었으나 그 가운데 진·보·돈대 몇 개소만을 복원해 놓았다.

조선 말기에는 서양 사람들이 통상을 하기 위해 우리나라를 여러 번 압박하였으나 이때마다 강화도에서 대항하여 이겨냄으로써 나라를 구하였다. 그 첫 번째가 1866년에 프랑스 전함이 수도 한양의 어구인 양화진까지 들어온 사건이다. 이에 맞서 아군은 한강 어귀 강화도에 신식 화기를 앞세워 침공한 프랑스 군을 물리쳤다. 이를 병인양요

(丙寅洋擾)라 한다. 150년 전이다. 그러나 당시의 전적지가 제대로 보호 관리되지 못하고 있다.

 5년 뒤(1871년)에 미국의 함대가 쳐들어와서 강화도에 상륙하려 하였으나 역시 잘 막아 내었는데 이것이 신미양요(辛未洋擾)이다. 이로부터 4년 뒤(1875년)에는 일본군이 군함을 이끌고 강화에 침입하여 이른바 운양호(雲揚號)사건을 일으키고, 이듬해에도 대형 군단을 강화도에 상륙시켜 억지로 '강화도조약'을 맺게 된다. 이것이 일본이 조선을 점령하기 위한 시작이다. 140년 전이다. 본문에서는 이 시점에서 근세사를 마무리 하였다.

 강화도는 세계 7개 민족과 국가로부터 침입을 받아 이겨낸 세계적인 전략지이다. 그러나 강화도가 외적의 침입을 막아 내지 못하고 외적에게 넘어가면 곧이어 전 국토가 무너졌다. 이는 강화도가 전략적으로 중요한 지역이기 때문이다. 역사적 의의를 생각해 볼 때 고려시대나 조선시대의 강화도는 항몽(抗蒙)·항외(抗外)의 성전(聖戰)의 장(場)으로 국가의 호국(護國) 성지(聖地)이다. 그래서 강화도는 도시개발보다는 역사적인 유적들을 국가적으로 잘 지켜 나가야 한다.

 저자는 이 책에서 강화도의 역사, 문화, 문물 등 전반에 걸쳐 새롭게 인식하고 이를 지켜나가는 과정을 문화사적으로 조명하고자 하였다. 이 책에 수록된 사진은 주로 이규복 작가와 저자가 촬영한 것을 사용하였으며 일부는 소장자의 도움을 받았음을 밝힌다.

병신년 세모
저자 이형구 씀

차례

자서 • 4

제1장 강화도의 지리와 자연환경
1. 지리 …………………………………………… 13
2. 자연환경 ……………………………………… 15

제2장 강화도의 고고 시기 문화
1. 구석기시대 문화 ……………………………… 21
2. 신석기시대 문화 ……………………………… 22
3. 청동기시대의 고인돌무덤(支石墓) 문화 …… 26
4. 청동기시대의 집자리 ………………………… 40
5. 청동기시대 문화의 특징 ……………………… 42

제3장 고조선 시기의 역사와 문화
1. 고조선 시기의 역사 …………………………… 49
2. 고조선 시기의 문화 …………………………… 51

제4장 삼국시대와 통일신라시대의 역사와 문화
1. 삼국시대와 통일신라시대의 역사 …………… 65
2. 삼국시대와 통일신라시대의 문화 …………… 74

제5장 고려 강도 시기의 역사와 문화

1. 강도(江都) 시기의 역사 …………………………… 89
2. 강도 시기의 역사적 인물 …………………………… 97
3. 삼별초와 그 최후 …………………………………… 102
4. 강도 시기의 문화 …………………………………… 105

제6장 조선시대의 역사와 문화

1. 조선 행궁(行宮)과 강화유수부 …………………… 149
2. 조선시대의 문화 …………………………………… 154

제7장 조선 근세의 강화 역사와 문화

1. 조선 근세의 국방 사적 …………………………… 175
2. 강화도의 진(鎭) 보(堡) 돈(墩) …………………… 177
3. 강화학과 그 유적 …………………………………… 192
4. 병인양요(丙寅洋擾)와 대불항전(對佛抗戰) 전적지 ………… 196
5. 신미양요 …………………………………………… 207
6. 운양호사건 ………………………………………… 209

맺는 글 강화도의 역사 문화 개관 …………………… 212
저자 후기 ……………………………………………… 218

참고 문헌 ……………………………………………… 220

부록 …………………………………………………… 222

강화도가 외적의 침입을 막아 내지 못하고 외적에게 넘어가면 곧이어 전 국토가 무너졌다. 이는 강화도가 전략적으로 중요한 지역이었기 때문이다. 역사적 의의를 생각해 볼 때 강화도는 국가의 성지(聖地)이다. 저자는 이 책에서 강화도의 역사와 사회, 문화, 문물 등 전반에 걸쳐 새롭게 인식하고 문화적 의미를 조명하고자 한다.

제1장

강화도의 지리와 자연환경

- 지리
- 자연환경

강화도의
지리와
자연환경

1. 지리

강화도는 우리나라 중부를 흐르는 한강의 관문이자 우리나라에서 제주, 거제, 진도 다음으로 네 번째 큰 섬(300,00㎢)으로 서해안에 자리 잡고 있다. 강화도는 무엇보다도 한강, 예성강, 임진강의 3대 하천의 어귀에 있으면서 천연의 요새를 이룬다는 점에서 중요하다.

강화도는 빙하기에는 한반도 마식령 산맥이 김포반도에 이어진 내륙이었으나 오랜 세월의 침강 작용으로 내륙이 바다 밑으로 가라앉은 뒤 낙조봉(343m), 고려산(436m), 혈구산(461m), 마니산(468m) 등이 형성되면서 여러 개의 구릉으로 둘러싸인 섬이 되었다. 그 뒤 한강과 임진강의 퇴적 작용으로 다시 김포반도와 연결되었으나 염하(鹽河)가 한강에서 분리되어 머리 부분을 침식, 물길이 생기면서 강화해협을 이루고 하나의 섬으로 남게 되었다.

1970년에 개통된 길이 694m의 강화대교가 육지와 섬을 잇는 유일한 다리로 사용되다가 1997년에 강화대교 북쪽에 신강화대교를 건설하였다. 2001년에는 강화해협의 남쪽 초지진에서 김포 약암리를 잇는 길이 900m의 초지대교를 건설하여 현재는 강화도가 내지화되었다.

강화도의 지질은 약 80%가 경기편마암 복합체 가운데 화강암질 편마암(화강편마암)이며 대체로 흑운모편마암, 석영편마암, 장석편마암 등으로 분류된다. 강화도 남쪽 끝 마니산에는 마니산화강암계 즉, 흑운모화강암, 각섬화강암 등으로 분류되기도 한다.

강화도 해안 지대는 30m에서 40m 높이의 완만한 경사면을 가진 구릉 모양으로 나타나는데, 이는 이른바 저위 침식면 가운데 아래쪽 끝에 속하는 것으로 현재는 작은 하천에 침식당하고 있다. 이런 구릉지는 마을이 자리 잡을 수 있는 하천은 충분하지 못하나 땅은 비교적 기름진 편이어서 농업 발달 면에서 좋은 조건이다. 강화의 경작지는

● 강화읍성 남장대(南將臺)에서 바라 본 강화읍 전경. 전면 중앙의 북산(일명 송악산) 아래가 고려궁지이고 후면 한강 넘어 북한땅이 보인다.

연해 지역 안의 충적지와 간척지 그리고 저구릉지를 합쳐 강화도 전체 면적의 43.6%를 차지하는데 그 가운데 39.6%가 농경지이다.

　강화군은 사람이 살고 있는 11개 섬과 사람이 살고 있지 않은 16개 섬으로 이루어져 있다. 강화도 본섬의 지형은 남북 길이가 28㎞, 동서 길이가 16㎞, 해안선 총연장은 247㎞인 타원형으로, 면적은 305.527㎢이고 강화군의 총면적은 411.433㎢가 된다. 강화군의 행정구역은 1개 읍, 12개 면, 186개 리이다. 여기에 30,515호, 67만712명이 살고 있다.(2016년 12월 31일 현재)

　군청은 강화읍 관청리에 소재하고 있다. 강화군에는 모두 22개의 초등학교, 10개 중학교, 8개 고등학교가 있으며, 3개 대학교의 분교가 있다. 강화도에는 역사박물관, 전쟁박물관, 자연사박물관이 있다. 그리고 강화고려역사재단과 국립강화문화재연구소가 최근 강화읍에 개설되었다.

2. 자연환경

　강화도의 기후는 기온의 연교차가 심하지 않고 대체로 따뜻한 편이다. 연 평균 기온은 11.1°이고 연 평균 강우량은 1,346.7㎜이며 농사짓기에 매우 좋은 기후이다. 남쪽에서 주로 자라는 탱자나무가 화도면 사기리와 강화읍 갑곶리 일대에 자라는 것도 이 때문이다. 천연기념물 제78호로 지정된 강화 갑곶리 탱자나무와 제79호인 강화 사기리 탱자나무가 대표적인 예이다. 또한 강화군 서도면 바닷가에 있는 불음도 은행나무도 천연기념물 제304호로 지정되어 보호받고 있다.

강화도의 특산물로는 강화 쌀을 비롯해서 인삼, 고추, 영지버섯, 감, 순무 등 농산물과 새우와 새우젓, 김 등 해산물 그리고 왕골을 이용한 완초(莞草) 공예가 잘 알려져 있다. 이 가운데 인삼은 1900년대 초에 재배되기 시작한 것으로, 강화도에 들어서면 흔히 볼 수 있는 인삼밭은 쑥밭이나 도라지밭으로 새로운 작물이 재배되고 있기도 하다. 인삼 경작 농가수는 388명이고 재배 면적은 모두 199.3ha이다.(2016)

강화도의 특산물로 왕골을 곱게 물들여 짠 화문석(花紋席)은 그 촘촘하고 고운 문양으로 널리 알려져 있다. 화문석 시장이 따로 설 정도로 농한기 강화군민들의 주된 수입원이었으나 그 수요가 줄어듦에 따라 왕골 공예에 종사하는 가구는 많이 줄었다고 한다. 송해면 양오리에 화문석문화관이 설립되어 보존과 기술개발에 힘쓰고 있으며, 왕골 일을 해 오던 지역 주민들로 구성된 왕골 공예인들이 왕골 공예 체험 학습을 실시하고 있다. 강화화문석의 전통을 이어가는 완초장(莞草匠) 이상재(李祥宰)씨가 1996년에 중요무형문화재 제103호로 지정되었다.

강화도는 사면의 해안선이 265㎞ 바다로 둘러싸여 있으나 대부분 개펄이고 그 면적은 353㎢이어서 어업 활동은 다른 섬에 비해 비교적 부진한 편으로 현재 987가구, 2천981명이 수산업에 종사하고 있다.(2016. 12. 31. 현재)

강화도 남단 길상면과 화도면 개펄(약 1,500만평)은 쇠청다리 도요새사촌, 노랑부리백로 등 희귀 조류를 비롯하여 한국산 게 17종 가운데 13종이 서식하고 있으며 민꽃새우, 젖새우, 딱총새우 등 희귀종의 갑각류, 38종의 어류가 서식하고 있는 것으로 확인되었다. 이 밖에도 개펄에서는 30여 종의 해안 식물이 군락을 형성하고 있고 곤충류도 비교적 풍부하게 발견되고 있다. 강화도는 우리나라 생태계 보고(寶庫)로 손꼽히고 있어 앞으로 해양 생태계 보호 지역으로 지정될 전망이다. 강화 갯벌과 서도 말도리 저어새 번식지는 천연기념물 제419호로 지정 보호되고 있다.

강화도는 문화재가 많이 분포된 지역으로 지난 2015년도에는 관람료 징수 인원 105만6천여 명이 강화도를 찾았다. 이처럼 강화도의 자생력(2015년도 자체수입 10.0%)을 키우는 방법은 역시 관광사업밖에 없는 것으로 보이나 현재로서는 정부의 보조가 빈약할 뿐만 아니라 관심도 부족한 실정이다. 거꾸로 문화재보호법을 완화하는 일 뿐이다.

강화도 전체가 지상박물관으로 이를 지키는 강화도민을 위하여 국가가 관광특구를 지정하든가 어떤 특별한 보상이 있어야 마땅하다.

• 강화 화문석문화관에서 화문석을 짜는 왕골 공예 체험학습 시범을 보여주고 있는 왕골 공예인들

우리나라 고인돌무덤은 그 수량과 특유의 무덤 구조, 형태의 다양성 등
고대 인류의 생활상을 이해하는데 매우 중요한 문화유산이다.
이러한 점에서 우리나라 고인돌무덤은 세계문화유산으로 등재될 수 있었다.
강화도의 고인돌무덤은 우리나라 고대 국가 형성과 관련하여 중요한 지표가 되는 유적이다.
바로 고조선(古朝鮮)시기의 역사유적이다.

제2장

강화도의
고고 시기 문화

- 구석기시대 문화
- 신석기시대 문화
- 청동기시대의 고인돌무덤(支石墓)문화
- 청동기시대의 집자리
- 청동기시대 문화의 특징

강화도의 고고 시기 문화

1. 구석기시대 문화

  강화도에서 사람들이 살기 시작한 것은 구석기시대 부터이다. 강화군 내가면 오상리에서 출토된 다각면원구(多角面圓球)와 석핵(石核) 석편(石片) 등 구석기들은 일찍부터 인류가 살아왔음을 알 수 있게 되었다. 선문대학교 고고연구소 발굴단(단장: 이형구)이 내가면 오상리 산

• 내가면 오상리 고인돌무덤 아래 석비례층에서 구석기시대의 다각면원구가 출토되었다. 사진은 선문대학교 고고연구소 발굴단원들의 발굴 모습.(2000. 4)

125번지 야산(해발 76m)의 인천시 기념물 제16호 북방식 고인돌무덤(1기)의 주변에서 2000년 4월과 2001년 6월 두 차례에 걸쳐 11기의 고인돌무덤을 발굴할 때 구 지표인 석비례층에서 여러 점의 구석기가 출토되었다. 이들 구석기들은 강화도에서 가장 이른 시기의 유물이다.

　이들 구석기 중에 가장 주목되는 석기는 구형석기(球形石器)인 다각면원구이다. 구형석기는 석영제와 규암제의 두 종류가 있는데, 두 주먹만 한 돌을 여러 면으로 다듬어 둥근 구형(지름 8~8.5cm)을 만들었다. 아마 사냥하는데 사용하였을 것으로 추정하고 있다. 고인돌무덤의 주변에서는 주로 석영제의 석핵과 석편이 다수 출토되었다. 석편 중에는 긁개와 찍개로 사용되었을 것으로 보이는 석기들이 있다. 다각면원구는 동아시아의 구석기시대 유적에서 흔히 볼 수 있는 전형적인 구석기 유물인데, 우리나라에서는 대개 구석기시대 후기에 많이 보인다.

● 저자가 내가면 오상리에서 학술발굴시 출토된 다각면원구(강화역사박물관 소장)

　강화도에서는 하점면 장정리에서 쌍날찍개(Choping Tool)가 출토된 적이 있다고 알려져 있다. 구석기 유물이 출토되는 것으로 미루어 보아 구석기시대에 강화도와 육지가 연육(連陸)되었을 때인 빙하기에 살았던 구석기인들이 남긴 것으로 추정된다.

2. 신석기시대 문화

　신석기시대의 대표적인 유물인 빗살무늬토기가 하점면 삼거리, 하도면 동막리, 여차리, 사기리, 양도면 도장리, 건평리, 불은면 덕성리 그리고 석모도, 주문도, 우도 등지의 해안가의 비교적 낮은 지역에서 출토되었다. 이와 같이 강화도와 부근 도서에서 신석기시대의 토기가 계속 발견되고 있다는 사실은 구석기시대부터 신석기시대에 이어지면서 인류가 계속 이어져 왔음을 말해 준다.

강화도의 신석기시대 대표적인 유적으로는 화도면 동막리 유적이 있다. 이곳은 1916년 일본인에 의해 서해 도서(島嶼) 가운데 가장 먼저 알려진 신석기시대 빗살무늬토기 유적이다. 빗살무늬토기란 성형(成型)된 토기의 겉면에 머리를 빗는 빗 모양의 빗치개로 무늬를 새긴 것을 말하는데, 대개 즐문(櫛紋, 빗살무늬) 계통이나 어골문(魚骨紋) 또는 '인자문(人字紋)'이라고도 하는 무늬가 주류를 이룬다. 이런 무늬들은 발해연안(渤海沿岸)의 신석기시대 토기에서 흔히 볼 수 있는 무늬이다.

1986년에는 일제강점기 때 조사되었던 화도면 동막리의 큰말 해안가 백사장에 위치한 길이 328m, 너비 26m에 이르는 방풍림 지대에 대한 재조사가 이루어졌다. 이때 앞의 토기들 이외에 짧은 빗금무늬, 평행 빗금무늬 등의 빗살무늬 계통의 토기 조각들이 수습되었다. 역시 주류는 빗살무늬와 '인(人)'자 무늬이지만, 짧은 빗금무늬가 함께 출토되는 것으로 보아 신석기시대의 생활 터전에 계속해서 청동기시대의 인류가 생활했던 것으로 보인다. 그리고 동막리 유적에서는 빗살무늬 계통의 토기 외에 청동기시대의 것으로 보이는 평저토기, 마연토기 등 무문토기 계통의 토기 조각들이 출토되고 있다. 이것으로 보아 동막리 유적에서도 신석기시대에 이어서 청동기시대에도 계속해서 같은 자리에서 인류가 생활했었다는 것을 알 수 있다.

그리고 화도면 여차리에서도 빗살무늬토기 편들이 다수 수습되었다. 이들 토기 편들은 입술 부분에 손톱같은 시문구를 이용하여 3열로 찍어 돌리고 있으며, 몸통 부분에는 세로로 '인(人)'자 무늬 혹은 어골문이라고 하는 빗살무늬를 새겨 놓았다. 이들 빗살무늬토기는 대체로 서울 강동구 암사동 유적의 초기 빗살무늬토기 양식과 유사하다.

국립박물관 발굴팀이 1966년에 하점면 삼거리 39번지 소동부락 이순창씨 밭에서 고인돌무덤을 발굴할 때 주위 표토하 석괴(石塊)들 사이에서 빗살무늬토기 조각들이 발견되었다. 태토는 작은 모래알이 섞인 점질토를 사용하였고 기형은 반란형(半卵形)으로 추정되며 역시 '인(人)'자 무늬와 빗

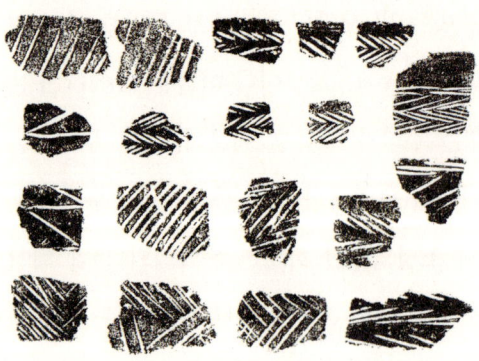

• 하점면 삼거리 소동부락 출토 빗살무늬토기 편 탁본(1966)

살무늬가 주류를 이루고 있다. 빗살무늬토기 유적 위에 고인돌무덤을 사용하는 사람들이 살았다고 하는 것은 바로 신석기시대 사회의 인류가 계속 청동기시대의 사회로 이어지면서 살았다고 하는 사실을 말해주고 있는 중요한 증거이다. 보고자에 의하면 가끔 중국 홍산문화(紅山文化)에서 보이는 지그재그무늬(일명 '지(之)'자 무늬)로 보이는 토기 조각들이 이곳에서도 출토되었다고 한다.

최근 염하에서 안으로 약 100m의 불은면 덕성리 해발 15~18m 지

• 불은면 덕성리 295-32번지 신석기시대 주거지 시굴조사 장면. 전면에 염하가 보인다.(2017.1)

점에서 혜안문화재연구원에 의해 강화도에서는 처음으로 신석기시대 주거지가 시굴조사되었다. 이 유적에서는 사선문(斜線紋), 어골문(魚骨紋), 조문(爪紋) 등이 시문된 빗살무늬토기 편이 다수 발견되었다. 빗살무늬토기의 태토는 가는 모래가 섞인 점질토이며 약간 두꺼운 편이다. 서해

• 불은면 덕성리 295-32 신석기시대 주거지 출토 빗살무늬토기 편

안 지역에서는 비교적 이른 시기의 유적으로, 요동반도와 서북한 지역의 빗살무늬토기와 연결되는 것으로 추정되고 있다.

이 밖에 석모도, 주문도, 우도 등지에서도 빗살무늬토기 편이 출토되고 있는 것으로 알려져 있다. 대부분 낮은 해안 지역에서 수습된 빗살

무늬토기는 사립이나 석립이 포함된 점토질 태토에 주로 사선과 어골문을 시문하고 간혹 격자문과 점열문도 보인다. 우도에서는 땐석기(타제석기)와 간석기(마제석기)가 함께 수습되었다. 이들 빗살무늬토기 출토 지역에서 경질무문토기 편과 타날문토기 편이 수습되는 것을 볼 수 있다.

3. 청동기시대의 고인돌무덤(支石墓) 문화

1) 세계문화유산 강화도 고인돌무덤

강화도의 청동기시대 문화 유적 가운데 가장 대표적인 것은 고인돌무덤(支石墓)이다. 고인돌무덤은 전국에서 무려 3만 기가 넘게 고루 발견되고 있어 숫자 면에서는 세계 제일일 것이다. 또한 우리나라 역사상 최초의 국가 형성과 관련하여 중요한 지표가 되는 것이기 때문에 대단히 중요하다. 뿐만 아니라 우리나라를 비롯하여 동북아시아 일대 청동기시대의 수장(首長)급들의 무덤으로 즐겨 사용한 돌무덤(石墓)의 하나로, 동북아시아의 '돌무덤 문화(石墓文化)'와 관련해서도 중요한 의의를 가진다.

고인돌무덤은 대체로 북방식과 남방식으로 나뉜다. 북방식은 땅 위에 4개의 판석으로 된 고임돌(支石)을 세우고 평면이 긴 네모꼴인 무덤방(墓室)이 되도록 널을 짠 다음 그 위를 평평하고 납작한 큰 덮개돌(蓋石)로 덮는 형식이다. 남방식은 대체로 땅 아래에 무덤방을 만들고 땅 표면에 다른 돌덩이나 자갈돌을 깐 뒤 그 위에 덮개돌을 얹는 형식이다. 또 남방식에는 땅 아래에 아무런 시설 없이 토광만 있는 경우와 돌널(石棺)을 설치한 경우도 있다. 그래서 개석식 고인돌무덤으로 분류되기도 한다.

고인돌무덤은 우리나라뿐만 아니라 중국 요동반도에도 분포하고 있다. 강화도의 북방식 고인돌무덤은 한반도의 경기도·강원도 서북부, 황해도, 평안도 지방과 만주 요동반도 일대에 연결되어 있어 이 지역의 고인돌무덤과 깊은 관계를 맺고 있을 것이다. 강화도에 지금까지 알려진 고인돌무덤들로는 사적 제137호로 지정된 '강화 고인돌무덤'과 경기도 기념물 제9호로 지정된 '내가면 고인돌무덤' 그리고 몇 기의 고인돌무덤이 전부였다.

저자는 1980년대 후반부터 1990년대 초까지 현장조사를 실시하여 강화 본도의 3분의 1에 해당하는 고려산(해발 436m)을 중심으로 동쪽 능선의 갈래인 강화읍 북산 끝자락 강화읍 대산리에서부터 고려산 서남쪽까지 무려 70여 기가 흩어져 있음을 확인하였다. 그리고 강화읍 4개 면에서 무려 1백여 기의 고인돌무덤을 조사하였다. 이 가운데 44기가 북방식 고인돌무덤, 35기가 남방식 고인돌무덤으로 확인되었고 나머지 10여 기는 형식이 분명하지 않거나 매몰되거나 형체를 알 수 없는 것들이었다. 이것은 우리가 지금까지 알고 있었던 것보다 훨씬 많은 수가 아닐 수 없다. 특히 전체 수의 거의 절반에 달하는 남방식이 북방식과 함께 강화도에 널리 분포하고 있다는 사실도 새롭게 알게 되었다.

이들 고인돌무덤은 지적도를 기본으로 현장 조사와 각기 실측 도면을 작성하여 사진과 함께 삼위일체식으로 집성하여『강화도 고인돌무

• 『강화도 고인돌무덤[지석묘] 조사연구』(이형구, 1992) 표지. 표지 사진은 송해면 하도리 고인돌무덤

덤[지석묘] 조사연구』(한국정신문화연구원, 1992)를 간행하였다. 이후 수십 기가 더 확인되었다.

이를 기초로 강화도 고인돌무덤은 그 수량과 형태의 다양성 등 선사시대 인류의 생활상을 이해하는데 우수한 학술자료라는 점에서 마침내 2000년 11월 29일 유네스코의 '세계문화유산'으로 등재되기에 이르렀다.

2) 고려산 부근의 고인돌무덤

강화읍에서 서쪽으로 약 4㎞ 방면 정도 떨어진 거리에서 조선 광해군 때의 유학자인 석주 권필(權韠)의 유허비가 있는데 이 부근이 송해면 하도리 오류내 마을이다. 이 마을에서 남방식 고인돌무덤 3기가 새로 발견되었다.

오류내 마을 입구에서 다시 지방도를 따라 가다보면 강화소방서가 나온다. 이 소방서 앞에서 길을 건너 송해면 하도리 187-1 밭 가운데에 여러 기의 고인돌무덤이 흩어져 있다. 일제강점기 때 모두 5기가 조사되었는데, 그 동안 1기는 완전히 없어졌고 최근 또 하나가 농지 개간으로 많이 파괴되었다. 양호한 상태로 있는 것 가운데 하나는 고임돌을 갖춘 북방식이고 또 하나는 덮개돌만 남아 있는 남방식이다. 같은 지역에 남방식과 북방식이 함께 있는 것이 눈길을 끈다. 그러나 계속 파괴되고 있어서 사적 지정 또는 보호가 시급한 실정이다.

이곳에서 좀 더 서쪽으로 가면 송해면과 하점면의 경계지점이 나온다. 여기서 왼쪽으로 가면 삼거리, 신삼리로 가는 길이 나오고, 오른쪽으로 계속 가면 강화-외포리간 지방도가 나오는데 이 지방도를 따라 500m 정도 더 가면 고려산 북쪽 봉우리인 시루메봉의 능선이 뻗어 내리고 지방도가 이 능선의 끝자락 부분을 가로지른다. 고려산 북쪽의 능선 끝자락 부분의 능선에 유명한 사적 제137호 '강화 고인돌무덤'이 있다. 강화군 하점면 부근리 316번지이다. 해발 약 20m에서 30m 정도의 높이에 위치한다. 무덤을 보호하기 위해서 세운 철책은 사방 12m에 불과하지만 원래 대지는 아마 지금보다 훨씬 더 넓은 면적으로 그곳을 황토 흙으로 수십 층을 다진 뒤 고인돌무덤을 세웠을 것이다.

하점면 부근리 고인돌무덤은 우리나라에서 가장 유명한 사적급 대형 북방식 고인돌무덤으로, 비스듬히 경사진 고임돌 위에 50톤이 넘는 화강암 덮개돌을 올렸다. 지금은 2개만 남아 있는 고임돌이 덮개돌을 받치고 있다. 고임돌의 긴 축을 동북 방향(60°)으로 세우고 그 위에 덮개돌을 올렸다. 저자가 새로 실측한 강화 고인돌무덤(사적 제137호)의 크기는 덮개돌의 크기가 긴 축(서쪽)의 길이 6.50m, 너비 5.20m, 두께 1.20m, 전체높이는 2.60m이다.

『문화재대관(文化財大觀)』'사적편'(상上, 1975, 24쪽) 설명문에는 덮개돌 긴축의 길이는 7.10m, 너비 5.50m로 되어 있다. 그러므로 실제 각각 60cm와 30cm의 큰 차이가 나는 셈이다. 고임돌을 좌우에 세우고 한쪽 끝에는 마감하기 위한 판석을 세워 묘실을 만들어 시신을 안치한 뒤 다른 한쪽을 마저 마감했을 것으로 생각되나 지금은 양쪽 마감돌은 없어지고 좌우의 고임돌만 남아 있어 석실 내부가 마치 긴 통로를 연상케 한다.

고임돌이나 덮개돌의 석재는 강화에서 흔히 보이는 흑운모(黑雲母)편마암이고 놓인 방향은 동북(60°)방향이다. 동서 고임돌이 세워진 각도는 각각 약 70°인데 이 기울기가 원래 공법이었는지 아니면 후대에 기울어진 것인지 알 수 없으나 지금으로 보아 70° 기울기를 갖춘 돌기둥에 약 50톤으로 추정되는 대형 판석을 얹은 역학적 구조가 불가사의하다.

이 고인돌무덤에 대한 기록은 그다지 자세하지 않으나 일본 학자 미카미(三上次男)가 약간 언급한 적이 있다. 그는 '조선반도의 지석묘 집성표'(1961)에서 강화 하점면 부근리에 북방식 고인돌무덤 1기가 있는 것으로 집계하였다. 그리고 정부에서 펴낸 『문화재대관』에는 이 고인돌무덤에 대해 "밭 가운데에 하나가 독립해서 위치하고 있다."고 했다. 그러나 이 고인돌무덤은 단독으로 세워진 것이 아니다. 이것을 중심으로 300m안에 같은 북방식과 남방식이 섞여 있는 것을 확인했기 때문이다.

사적 제137호 고인돌무덤을 중심으로 서남쪽 150m 지점의 은행나무 모표 안에는 대형 고인돌무덤의 고임돌 하나가 은행나무 숲에 가려져 있다. 이 돌의 크기는 사적 제137호 고인돌무덤에 버금간다. 돌

• 부근리 고인돌무덤(사적 제137호)

이 놓인 방향과 동쪽으로 기운 각도 및 돌의 질(화강편마암)도 사적 제137호와 일치한다. 이로 보아 이곳에도 제137호 북방식 고인돌무덤과 비슷한 크기의 고인돌무덤이 하나 더 있었던 것으로 생각된다. 이 고인돌무덤은 다른 석재가 모두 파괴되고 이 고임돌 하나만 남았다.

또 이 고임돌에서 동쪽 10m 되는 곳에도 두 장의 돌이 나무숲에 가려져 있는데 크기, 돌의 질로 보아 고인돌무덤의 한 부분인 듯하며 사적 제137호 고인돌무덤에서 북쪽으로 300m 거리의 솔밭에서도 2기가 발견되었다. 고임돌과 덮개돌이 일부 묻혀 버려 크기는 자세히 알 수 없으나 북방식으로 보인다. 이 부근에 남방식으로 보이는 덮개돌 한 장이 있다. 이들 고인돌무덤은 지금은 모두 정비되었다.

여기에서 동남 방향으로 300m에 또 하나의 낮은 구릉이 펼쳐지는데 이 능선을 따라 6기의 남방식과 2기의 북방식 고인돌무덤이 발견되었다. 역시 제137호 고인돌무덤에서 남쪽 능선을 거슬러 가면 고려산 시루메봉 북쪽 기슭 계곡에 위치한 부근리 대촌마을이 나오는데, 이곳에서 보존 상태가 괜찮은 작은 북방식 1기와 남방식 수기(基)가 발견되었다. 그러나 그 가운데 몇 기는 누군가에 의하여 부재들이 잘려 나가 원형을 잃어버렸다.

고려산에서 내려온 시루메봉 기슭에서 다시 서쪽으로 1㎞ 정도 내려가면 삼거리와 경계 지점의 능선 끝자락에 고인돌무덤 1기가 있다. 지적도상으로는 하점면 부근리 743의 4번지 속칭 '점골'이다. 옛 이름이 '점골'이라고 했는데 점을 치던 마을인지 아니면 가마가 있었던 마을인지 모르겠다. 점골의 북방식 고인돌무덤은 흑운모편마암제로 고임돌의 긴축은 남북인데 지금은 동쪽으로 약간 기울었다. 고임돌은 대형 덮개돌이 내려앉는 바람에 안쪽으로 많이 기울어졌지만 동서의 장축의 고임돌과 북쪽의 고임돌이 그대로 남아 있는 것으로 보아 북방식임을 잘 보여 준다. 그러나 최근에 발굴·복원하면서 북쪽 고임돌을 동쪽

● 하점면 부근리 점골 고인돌무덤 복원 전 모습(1991). 북쪽 고임돌이 도괴되어 흩어져 있다.

● 하점면 부근리 점골 고인돌무덤 복원 후 모습(2010). 북쪽 고임돌을 동쪽 긴 고임돌에 붙여 세웠다.

고임돌에 붙혀 놓았다. 지금까지 북방식(혹칭 탁자식) 고인돌무덤의 장축이 쪽댐한 예는 찾아 볼 수 없다.

점골 고인돌무덤에서 서쪽으로 작은 고개를 하나 넘으면 하점면 삼거리 소동부락이다. 고려산 서북 능선을 따라 내려온 끝자락에 자리 잡은 이 마을에서 일찍이 1966년 국립박물관이 고인돌무덤 5기를 발굴한 바 있다.

당시 발굴된 5기 가운데 3기만 남아있고 2기는 농경지로 개간하면서 걷어낸 지 오래이다. 1991년 저자가 지표조사를 할 때 분포도를 작성했는데 몇 기가 더 흩어져 있어서 모두 10기가 확인되었다. 그 가운데에는 남방식 고인돌

• 1966년 국립박물관이 강화도에서 최초로 발굴한 하점면 삼거리 소동부락 A호 고인돌무덤 모습(사진:『한국지석묘연구』,1967)

• 1966년 강화도에서 최초로 발굴된 하점면 삼거리 소동부락 A호 고인돌무덤 옆에 주택이 들어서 있는 풍경(1991)

• 강화도 고인돌무덤들이 2000년 11월에 세계문화유산에 등재되었는데도 국립박물관이 발굴한 삼거리 소동부락 A호 고인돌무덤은 쓰레기장으로 방치돼 있다.(2017)

• 1966년 국립박물관이 발굴할 당시의 'B호 지석묘'로 이름붙혀진 고인돌무덤 모습.(『한국지석묘연구』,1967) 왼쪽이 덮개돌(길이 3.0m), 오른쪽이 고임돌(길이 1.9m)

• 1966년 발굴당시 'B호 지석묘'로 이름붙혀진 B호 고인돌무덤의 덮개돌의 현재 광경(2017). 발굴 당시 오른쪽에 있던 고임돌은 주택 건축 시 없어졌다.

무덤도 몇 기 포함되어 있었다. 지금 남아있는 고인돌무덤 가운데 삼거리 39번지 이성희씨 주택 뒷편에 있는 북방식 고인돌무덤 이외에는 대부분 파괴되고 잔해만 남아 있다. 그나마 일부 남아있는 고인돌무덤은 쓰레기장으로 변해있다. 삼거리 소동부락 고인돌무덤 발굴은 우리나라 고고학 발굴사적 의미에서도 대단히 중요한 유적이다. 재발굴을 해서라도 잘 보존해야 한다. 설사 목록에 빠져있는 미지정 고인돌무덤이더라도 강화도 고인돌무덤은 모두 세계문화유산이다.

　소동부락에서 서남쪽으로 또 하나의 능선을 넘으면 삼거리 샘말(泉村)이다. 고려산 서북 계곡에서 흐르는 물은 서쪽으로 하점평야를 가로질러 서해로 빠지는 삼거천(三巨川)의 상류이다. 샘말의 맨 윗집인 이희돈씨 집 담장에 고인돌무덤이 하나 박혀 있다. 회나무 근처에는 고인돌무덤에 사용한 석재들이 어지럽게 널려 있다. 이전에 불도저로 옮겨 놓고 민가에서 고인돌무덤의 덮개돌을 평상으로 사용하고 있었다. 수년 전에는 끌로 쪼아내 석재로 쓰더니 이제는 불도저를 동원해 통째로 마구 옮겨 놓았던 것이다. 여기도 개발붐이 다가오고 있다.

삼거리 샘말에서 망월행 버스길로 1㎞ 정도 더 가면 하점면 신삼리 동촌 부락이 나온다. 여기에서 고려산 서쪽 능선이 끝나고 하점평야가 전개된다. 농로 아래 해발 10m 정도 되는 논바닥에 거대한 북방식 고인돌무덤이 주저앉아 있다. 중심부가 약간 돋은 듯한 낮은 지형에 동서 양옆으로 고임돌이 미끄러져 있고, 거대한 덮개돌은 돋은 흙 위에 동북향으로 얹혀 있다. 고임돌과 덮개돌의 석질은 해안에서 흔히 볼 수 있는 흑운모편마암이다.

이처럼 장대한 북방식 고인돌무덤이 해발 10m 정도의 논바닥에 축조되어 있다고 하는 사실은 이 무덤이 만들어졌을 당시인 청동기시대에는 이 지역이 개펄이 아니라 내륙으로, 고려산 줄기가 끝나는 대지

• 선문대학교 고고연구소 발굴단(단장: 이형구)에 의해 발굴·복원된 내가면 오상리 고인돌무덤군 전경

• 오상리 고인돌무덤 출토 빗살무늬토기(위줄)와 빗금무늬토기 편 탁본

였을 것이라는 추정을 가능하게 한다.

고려산 서쪽 봉우리인 낙조봉 남쪽 해발 76m 능선 상의 내가면 오상리(鰲上里) 북방식 고인돌무덤 1기가 당시 경기도기념물 제6호(현 인천시 기념물 제16호)로 지정되었으나, 저자가 1980년대에 기념물 주변에서 10기를 새로 찾아내어 2000년에 강화군의 지원으로 선문대학교 고고연구소(소장 : 이형구)가 발굴·복원하였다. 모두 인천시 기념물 제47호로 지정되었다. 오상리 고인돌무덤에서 출토된 유물은 모두 강화역사박물관에 이관 후 일반에 전시되고 있다.

오상리 고인돌무덤은 전형적인 북방식 고인돌무덤으로 지상 석관의 내부 모습이 확실하게 드러났다. 오상리 고인돌무덤군(群)은 2000년 11월 29일에 유네스코 세계문화유산으로 등재되었다.

• 내가면 오상리 고인돌무덤이 세계문화유산임을 알리는 유일한(?) 영문 안내문 판자(아래)

오상리 고인돌무덤의 축조방식과 고인돌무덤의 하부 구조는 고임돌을 쐐기로 박아 바로 세우고 마감돌로 막은 후 시신을 넣고 덮개돌을 덮은 다음 주변에 돌을 쌓은 이른바 적석(積石) 또는 포석(鋪石) 방식을 사

용하고 있는데 매우 특이
한 점으로 꼽을 수 있다.
오상리 고인돌무덤 유
적의 표토(表土)와 고인
돌무덤의 하부 구조 부
근의 부식토층(腐植土
層)에서 빗살무늬토기

• 하점면 삼거리 샘골 고인돌무덤을 느티나무가 감싸고 있다.

편과 빗금무늬토기 편들이 출토되고 있어 고인돌무덤 축조 당시에 함께 묻힌 것으로 추정된다.

하점면 부근리 샘말부락 앞 산에 있는 내가면 고천리(古川里) 고려산의 서쪽 낙조봉 능선에는 소나무와 참나무가 울창한데, 해발 100m 이상 높이의 고려산 서남록 능선상에 십 수기의 고인돌무덤이 자리 잡고 있다. 20여 년 전에는 십 여기가 흩어져 있었으나 최근까지 몇 기의 고인돌무덤이 더 확인되었다. 그 가운데 낙조봉 서쪽 전반부에 위치한 전형적인 북방식 고인돌무덤의 덮개돌 위에 파놓은 이른바 성혈(性穴)이라고도 하고 별자리라고도 하는 작은 홈이 여럿 보인다. 대부분 긴 축은 북쪽으로 일직선상에 위치하고 있다.

이들 고려산 낙조봉 능선의 고인돌무덤은 지금

• 하점면 삼거리 고려산 서쪽 능선의 북방식 고인돌무덤

까지 우리에게 알려진 고인돌무덤의 평균 고도보다 훨씬 높은 해발 100m 이상, 심지어는 200m 고지에 위치하고 있다. 고려산 서록 능선 상의 북방식 고인돌무덤은 고려산에서 가장 높은 지점에 위치한 고인돌무덤이다. 낙조봉에는 서쪽 끝자락에는 적석사(積石寺)가 있다.

3) 봉천산(奉天山) 일대의 고인돌무덤

고려산 능선은 대체로 사적 제137호 고인돌무덤이 있는 '강화역사박물관' 근처에서 끝나고 다시 봉천산(해발 291m) 남쪽 기슭으로 이어지고, 이곳에서 다시 1.5㎞ 창후리 쪽으로 가면 별립산(別立山, 해발 340m)으로 이어진다. 별립산 남쪽 기슭 하점면 이강리 일대가 경사를 이루고 있는데 이곳에 남향으로 수기의 북방식 고인돌무덤이 흩어져 있다. 이강리 동쪽으로 100m 떨어진 소나무 숲에는 고인돌무덤의 구조물로 보이는 돌들이 흩어져 있다.

봉천산에서 내려온 서북쪽 능선의 끝자락이 밭으로 이어지는 하점면 신봉리 297-3번지에 남방식 고인돌무덤 1기가 있다. 신봉리에서 창후리로 가다가 삼거리에서 북쪽으로 군용도로를 따라 봉천산 중록을 넘으면 양사면 교산리가 나온다.

저자는 1991년 고려산 북록 고인돌무덤 실측 조사 시에 양사면(兩寺面) 교산리(橋山里) 봉천산 북쪽 기슭에서 십 수기의 북방식 또는 남방식 고인돌무덤이 여러 무리를 이루고 있는 것을 발견하였다. 강화도 북쪽 해안에서 불과 2㎞ 정도 거리의 봉천산 북록 해발 20~50m 정도 되는 능선 위에 십 여기의 고인돌무덤이 분포하고 있다. 이 마을의 중간 부분인 뒷산 능선에서 소나무와 잡목 그리고 잡초에 둘러싸인 고인돌무덤들이 새로이 빛을 보게 되었다.

봉천산 북록 양사면 교산리 묵골 마을에서 판상 북방식 고인돌무덤이 확인되었고 이를 중심으로 150m 이내에 흩어져 있는 다른 것들은 대부분 남방식이다. 그리고 능선의 윗부분에서는 여러 기의 북방식 고인돌무덤이 반파 혹은 일부 개석이 도괴된 형태로 발견되었다.

양사면 교산리 고인돌무덤은 강화도에서 가장 많

• 양사면 교산리 북방식 고인돌무덤

• 교산리 고인돌무덤 실측조사 장면(좌로부터 한국학대학원의 연구생 김기섭, 강신철, 박종섭, 1991.6)

이 분포되고 있는데, 지금까지 알려진 강화 고인돌무덤들 가운데 가장 북쪽에 자리 잡고 있다. 봉천산 정상에는 고려시기의 봉천대(奉天臺)가 있고, 이곳에서 북쪽을 바라보면 북한의 예성강 하구가 보인다.

이밖에 송해면 양오리, 하점면 창후리, 망월리 등지에서 계속 발견되고 있어 지금은 강화도 내에 150기 가까운 고인돌무덤이 알려져 있다.

4. 청동기시대의 집자리

1966년 하점면 부근리 743의 4번지 점골 고인돌무덤에서 북쪽으로 약 70m 지점에서 청동기시대의 집자리가 발굴되었다. 고려산 북쪽 능선 끝자락쯤에 자리 잡고 있는 이 유적은 작은 산작로가 나면서부터 대부분 파괴되었고 발견될 당시 동쪽 한 벽면의 길이가 2.5m, 남쪽 벽면이 1.6m 정도만 남아 있었다고 한다.

반수혈식(半竪穴式) 벽면은 대부분 무너지고 동면만 15cm 높이로 남아 있어 형태만 짐작할 뿐 전체적인 윤곽은 알아볼 수 없었다. 그러나 주위의 벽면 아래에서 일렬로 작은 기둥을 세웠던 기둥 구멍(小孔)이 발견되었고 이 집자리의 주거면에서 마제석부와 짧은 빗금무늬인 단사선

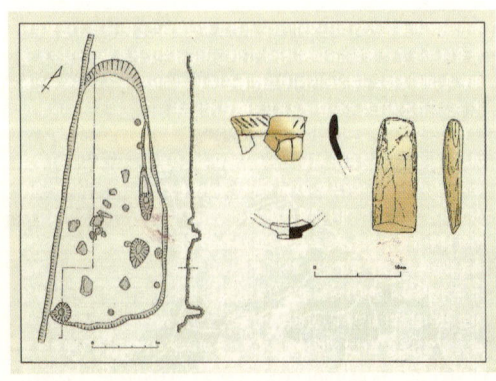

• 하점면 부근리 청동기시대 집자리와 출토 유물 도면(1966)

문(短斜線紋)을 시문한 이중구연(二重口緣)토기 편과 각형토기(角形土器)의 바닥 조각이 함께 출토되었다.

이것은 발해연안 동쪽의 전형적인 청동기시대의 초기 유형으로 당시까지만 해도 각형토기가 임진강 이남에서 발견된 것은 강화도 부근리 유적이 처음이었다. 이런 유형의 각형토기는 우리나라 서북부와 요동반도 일대에 집중적으로 분포되고 있는 청동기시대의 대표적인 토기 유형이다.

이들 토기 편들은 내가면 오상리 고인돌무덤의 표토(表土)와 고인돌무덤의 하부구조 부근의 부식토층(腐植土層)에서 출토되고 있어 고인돌무덤 축조 당시에 함께 묻힌 것으로 추정된다. 이중구연이 출현하는 각형토기는 신석기시대 빗살무늬토기에서 청동기시대 빗금무늬토기로 이어지는 과도 시기의 토기로서 대략 기원전 15~10세기에 유행하던 토기이다.

이 시기는 강화도 고인돌무덤의 축조 시기와 잘 부합된다. 따라서 청동기시대 집자리 유적은 고려산 북쪽의 고인돌무덤을 축조한 인류의 생활 터전이었음에 틀림없다. 그리고 신석기시대로부터 청동기시대에 계속 사용되었을 것으로 보이는 돌칼, 돌화살촉, 돌검, 돌도끼, 대롱옥〔관옥(管玉)〕, 미완성 석기 등 다양한 유물이 나왔다. 이밖에도 고인돌무덤이 분포하고 있는 부식암반층〔석비례층〕 위에서 석영(石英)으로 만든 구형석기(球形石器)가 나와 눈길을 끌고 있다. 다면체(多面體)로 이루어진 이 구형석기는 구석기시대 전형적인 유물이다.

한 장소에서 구석기시대·신석기시대·청동기시대에 걸친 유물이 함께 나온 예는 지금까지 처음 있는 일로, 우리나라의 인류(人類)가 어디서 유입되어 오지 않고 우리나라에서 구석기시대부터 신석기시대를 거쳐 청동기시대까지 이어지면서 계속 살아왔음을 입증하는 중요한 사례이다.

강화도와 인근 도서의 일부 지역에서는 경질무문토기 편과 타날문토기 편이 함께 수습되는 것을 볼 수 있는데, 이로 미루어보아 신석기시대 이후에도 청동기시대와 철기시대로 이어지면서 계속 인류들이 거주하였을 것으로 보인다. 강화도와 인근 도서지방의 자연 환경과 지리적인 여건으로 보아 이를 구체적으로 증거할 만한 유적이 지금까지 알려진 것보다 더 밝혀질 것으로 보인다.

5. 청동기시대 문화의 특징

강화도 고인돌무덤의 재료를 보면, 굄돌이나 덮개돌은 같은 재질로 강화에서 흔히 나오는 화강편마암이다. 무덤 주위에 이만한 석재가 없는 것으로 보아 먼 돌산이나 해안에서 바위를 운반했을 것으로 보인다. 그러나 아무리 가까운 산이라 해도 고인돌무덤이 있는 고려산의 정상까지 1.5km, 앞산인 봉천산과 별립산까지는 각각 2.5km와 3.5km 거리이다. 또 해안까지는 적어도 4.5km 거리이므로 이렇게 먼 거리에서 어떻게 운반했는지도 의심스럽지만 그보다 더 궁금한 것은 큰 판석을 어떻게 캐냈는가 하는 점이다. 산상이나 해안의 자연 판상석을 떼내어서 운반하지 않았을까 하는 추측도 해보는데 이것은 자연 판상석을 떼낸 흔적을 고려산에서도 찾아볼 수 있다.

대형 판석을 떼어내 1.5km 내지 4.5km를 운반한다는 것은 지금의 육로 사정이나 운반 수단을 고려해 보더라도 불가능하다. 뿐만 아니라 채석 방법, 운반 도구와 운반 방법은 말할 것도 없고 이것을 적당한 자리에 세우는 건축 공법 등이 모두 의문스럽다. 일례로 마니산 판석형 암석을 보면 마니산에서 톱니바퀴처럼 용립한 자연 판석을 절취한 흔적인 바위 밑뿌리(岩根)가 보여서 참성단 축조시 석제를 어떻게 채석하였을까 하는 의문이 풀렸다. 최근에는 고려산에서 고인돌무덤 석재로 사용하기 위하여 돌을 채석한 흔적을 찾아냈다.

고인돌무덤을 축조하기 위하여 200명에서 300명의 인력을 동원하고 이들을 지휘·감독할 수 있는 동원력이나 지도력을 미루어보나 당시 사회의 통치력을 상정해 볼 수 있다. 이것은 오늘날 우리가 '원시적'이란 말로 가볍게 보아 넘기기 쉬운 부분들이다. 이를 통하여 당시 강화도 고대 사회의 사회적 구성과 농경 생활을 중심으로 한 경제적 활동, 권력의 집중 등을 짐작할 수도 있기 때문이다.

특히 하나의 고인돌무덤을 만드는 데 이와 같은 역학적 구조를 생각할 수 있었다면, 100여 기 이상의 고인돌무덤이 강화도 북부에 집중적으로 분포되어 있다는 사실이 그 당시에 우리가 지금까지 생각해 왔던 사회조직보다 훨씬 큰 조직이 갖추어져 있었다는 것을 의미하는 것이라 하겠다.

『삼국지(三國志)』「위지(魏志)·동이전(東夷傳)」에서 "마한(馬韓)에는 50여 개의 작은 나라(小國)가 있다."고 했던 작은 나라들 가운데 어느 하나가 이러한 고인돌무덤 사회로부터 소국(小國)으로 형성되었는지도 모른다. 사적 제137호와 같은 대형 고인돌무덤 하나가 독립적으로 세워졌다면 이 일대의 사회적 구성이 소수일 수도 있고, 지도계급의 단절일 수도 있다. 그러나 대형 고인돌무덤이 2기 이상이나 10여 기가 함께 세워지던가 아니면 세대를 달리하여 세워졌다면 당시의 사회조직과 경제적인 구조, 나아가서는 정치적인 권력의 집중이 엄청나게 증대됐을 것이다. 강화도 북북에 고인돌무덤이 집중적으로 분포되고 있었을 것이라고 하는 사실은 우리가 지금까지 생각하고 있는 것보다 훨씬 더 큰 사회조직이 있었을 것이라고 생각하지 않을 수 없다. 강화도의 고인돌무덤 사회가 필요로 하는 인적 자원과 경제력을 바탕으로 이미 오래전부터 강력한 사회조직으로 발전했는지도 모를 일이다.

우리나라 고대 국가의 형성 과정에서 중요한 의미를 갖는 청동기시대에 100여 기 이상의 고인돌무덤이 장기적으로 만들어졌다는 사실은, 강화도의 실체를 밝히는데 매우 귀중한 고고학적 자료이자 역사적 자료가 된다.

강화도 오상리 고인돌무덤 발굴 중에 생토층인 석비례층에서 구석기가 수습되었고 약간의 빗살무늬토기 편들이 빗금무늬토기 편들과 함께 출토되었다. 오상리 고인돌무덤에서 출토된 빗금무늬토기는 이중구연(二重口緣)에 빗금무늬를 시문하고 있다. 대체로 신석기시대 말기에서 청동기시대 초기로 이어지는 과도시기(過渡時期) 토기로 추정된다. 이는 오상리 고인돌무덤의 주인공을 밝히는데 매우 중요한 단서가 될지도 모른다. 생활 유물의 연속성(連續性)은 바로 인류의 영속성(永續性)과도 통하기 때문이다. 강화도의 고인돌무덤은 대체로 기원전 15~10세기경에 만들어진 것으로 보인다.

고인돌무덤은 우리나라뿐만 아니라 중국의 요동반도 지방에도 많이 분포하고 있다. 강화도의 북방식 고인돌무덤은 한반도의 경기도·강원도 서북부, 황해도, 평안도 지방과 요동반도 일대에 연결되어 있어 이 지역의 고인돌무덤과 깊은 관계를 맺고 있을 것이다.

발해연안의 고인돌무덤은 대체적으로 신석기시대 말기 혹은 청동기시대 초기에 발생하여 요동반도에서는 기원전 2,000년에서 기원전 500년까지 유행했다. 한편 한반도에서는 기원전 15세기 무렵부터 기원전 3세기까지 이르는 시기에 널리 유행했다. 강화도의 고인돌무덤은 대체로 이른 시기에 만들어진 것으로 보인다. 최근의 연구성과에 의하면 기원전 20세기까지 올려보는 경향이 있다.

우리나라 고인돌무덤은 그 수량과 특유의 무덤 구조, 형태의 다양성 등 고대 인류의 생활상을 이해하는데 매우 중요한 문화유산이다. 이러한 점에서 우리나라 고인돌무덤은 세계문화유산으로 등재될 수 있었다.

우리나라의 고인돌무덤은 무려 3만 기가 넘게 전국적으로 분포되고 있는 것으로 알려지고 있는데 숫자 면에서 세계 제일이다. 고인돌무덤의 주인공은 청동기시대의 수장(首長)급의 인물과 그 지도집단의 무덤으로 파악되고 있어 매우 중요한 의의를 가진다. 강화도의 고인돌무덤은 우리나라 고대 국가 형성과 관련하여 중요한 지표가 되는 유적이다. 바로 고조선(古朝鮮)시기의 역사유적이다.

현재 남아 있는 고조선 시기와 삼국시대 강화도의 문화 유적과 유물들은 그리 많은 편은 아니다. 참성단, 삼랑성 건립 설화는 고조선 시기에 세워졌다고 하나 이들의 돌쌓기 구조에서 삼국시대와 고려시대의 수법을 엿볼 수 있어 쉽게 확언할 수 없다. 고조선 시기의 유적으로는 우선 참성단과 삼랑성 그리고 봉천대를 들 수 있다.

제3장

고조선 시기의
역사와 문화

- 고조선 시기의 역사
- 고조선 시기의 문화

고조선 시기의
역사와 문화

1. 고조선 시기의 역사

  고조선 시기는 고고학 시기로 말하면 청동기시대와 철기시대에 해당한다. 우리나라에서 고고학 시기 구분에서 마지막 시대인 철기시대는 대략 기원전 300년부터 기원 전후 시기까지로 편년하고 있다.〔『한국고고학개설』 P.101〕. 이 시기는 역사 시기로 말하면 고조선 시기의 최말기에 해당한다. 그리고 『삼국지(三國志)』 「위지·동이전」에서 "마한에는 50여 개의 작은 나라(小國)가 있다."고 했던 소국들 가운데 어느 하나가 강화도를 중심으로 이 같은 고인돌무덤 사회를 대변하는 인적 자원과 경제력을 바탕으로 발전했는지도 모를 일이다.

  2012년대 고등학교 『국사』 교과서에는 "족장사회에서 가장 먼저 국가로 발전한 것은 고조선이다. 삼국사기와 동국통감의 기록에 따르면 단군왕검이 고조선을 건국하였다(BC.2333)." 단군왕검은 당시 지배자의 칭호였다고 기술하고 있다. 이 기록이 말하는 것처럼 단군은 우리 민족의 시조로서 우리나라 최초의 국가인 고조선을 건국하였다.

2002년 고등학교 『국사』 교과서 개정판에 처음으로 「단군과 고조선」이란 항목을 두고, 단군 영정과 함께 두 페이지에 걸쳐 단군과 고조선에 대해 서술하고 있다. 여기에서 고조선의 중심 위치를 중국 요령지방으로 보고 있다.

14세기 고려시대에 편찬된 『삼국유사(三國遺事)』 권1 「기이(奇異)」편 고조선 조에는 『위서(魏書)』를 인용해서 "지금〔고려 충렬왕 때〕으로부터 2000년 전에 단군왕검이란 이가 있어 도읍을 아사달에 정하고 나라를 창건하여 조선이라 불렀고, 고(高)와 같은 시기이다."고 하면서 단군이 요(堯)나라 임금과 같은 시기에 아사달에 나라를 세우고 조선이라 불렀다고 하는 사실을 밝히고 있다. 이어서 『고기(古記)』를 인용하길 단군왕검은 요(堯) 임금이 즉위한 지 50년인 경인년에 평양성에 도읍하여 비로소 조선이라 불렀다. 후에 도읍을 아사달로 옮겼다고 하였다.

또한 고려 충렬왕 13년(1287)에 이승휴(李承休)가 쓴 『제왕운기(帝王韻紀)』 권 하 「동국군왕개국연대 병서」에서 고조선의 주 무대를 노래하길 "요동(遼東)에 별천지가 있사오니 중조(中朝)와 두연(斗然)히 구분되며, 큰 파도 출렁출렁 삼면을 둘러쌌고 북녘에 대륙 있어 가늘게 이은 땅, 가운데서 국경 천 리 여기가 조선 땅이라. 강산의 형승은 천하에 이름 있고 경전착정(耕田鑿井) 어진 고장 예의의 집, 화인(華人)이 이름 지어 소중화(小中華)라"고 하였다. 비록 '소중화'라 자칭하였지만 요동을 중국과는 확연히 다른 고조선의 고토로 생각하면서 요동을 그 중심지로 보았다. 그리고 "처음에 어느 누가 나라를 열었던 고. 석제(釋帝) 손자 이름은 단군(檀君)일세."라 하였다.

이어서 이승휴는 "다음으로 시라(尸羅) 고례(高禮) 즉, 신라 고구려 그리고 남북옥저, 동북부여, 예, 맥이 따르더라. 이들 임금님의 조상을 묻지마라 모두 단군의 한 핏줄기." 신라, 고구려는 모두 단군의 자손이라고 하였다.

고려 말, 문장가 목은 이색(李穡, 1328~1396)의 『목은시고(牧隱詩藁)』에 단군에 관한 여러 편의 서사시가 있는데 '서경(西京)'이란 시에서 단군이 조천석(朝天石)이 있는 서경(오늘날의 평양)에 나라를 열었음을 알리고 있다.

『고려사』에 보면 마니산 정상에 참성단이 있는데 단군이 하늘에 제사지내던 제단이라고 하였다.

이 밖에 고려 시기와 조선 시기에 전해 내려온 전적 중에는 고조선의 시조 단군왕검에 관한 사적과 사료가 적지 않게 알려져 있다.

한편, 『삼국사기(三國史記)』에 보면 고구려, 백제, 신라의 왕들은 모두 하늘에 제사를 올린 것으로 기록되어 있다.

2. 고조선 시기의 문화

1) 참성단(塹城壇)

현재 남아 있는 고조선 시기와 삼국시대 강화도의 문화 유적과 유물들은 그리 많은 편은 아니다. 참성단, 삼랑성 건립 설화는 고조선

시기에 세워졌다고 하나 이들의 돌쌓기 구조에서 삼국시대와 고려시대의 수법을 엿볼 수 있어 쉽게 확언할 수 없다. 고조선 시기의 유적으로는 우선 참성단과 삼랑성 그리고 봉천대를 들 수 있다.

『고려사』 권56 지리지에는 "마니산은 (강화)부의 남쪽에 있다. 산 정상에는 참성단이 있어 세상에서 말하기를 단군이 하늘에 제사지내던 제단이다(摩利山 在府南 頂上有塹星壇 世傳檀君祭天壇)."라고 기록하였다. 조선시대에는 이 참성단에서 성신(星辰)에 제사 드렸다고 한다. 이러한 제천(祭天) 전통은 현재까지 이어져 매년 10월 3일 제천 행사를 하고 있다. 강화군 화도면 흥왕리 마니산 정상(해발 468m)에 있다. 사적 138호.

• 마니산 참성단 제천의식 중의 군무(群舞) 모습(2012.10.3)

참성단은 정확히 언제 축성됐는지는 알 수 없다.

고려 말의 목은(牧隱) 이색(李穡, 1328~1396)의 '참성단시'에 "이 단이 하늘이 만든 것은 아닌데 누가 쌓았는지 알 수 없더라(此壇非天成 不知 定誰築)"고 한 것을 보면, 참성단은 고려 이전부터 있었음이 틀림없다.

그리고 이색의 '마니산기행시'에는 아래와 같이 적고 있다.

향연이 오르니 별조차 낮은 듯
악곡이 연주되어 분위기 엄숙하네.
만 길 높은 단 밤 기운도 맑은데
축문을 올리고 나니 세상 일이 잊혀지네.

참성단은 '만 길 높은 단(壇)'으로 이루어졌음을 알 수 있다.

참성단은 거친 돌을 다듬어 쌓은 제단으로 아래는 둥근 원이며 위는 네모난 방형이다. 이는 하늘은 둥글고 땅은 네모나다는 천원지방(天圓地方) 사상에서 유래한 것이다. 하단은 지름 4.5m의 원형이고 상단은 한 변 2m인 정방형이며 상단 동쪽에 21개의 돌계단이 있다. 상하단의 높이는 벼랑의 높이를 빼고 3~5m 정도이다.

1270년 고려 인종 때 한 차례 보수를 했다는 기록이 있고 1639년 조선 인조 때에는 허물어져 다시 쌓았으며, 1716년 숙종 43년에도 보수 공사를 했다.

조선조 중종 25년(1530)에 왕명에 의하여 이행(李荇)이 편찬한 『신

• 마니산 정상에 암벽을 이용해서 석축을 쌓아 올린 참성단 북벽

증동국여지승람』제12권 강화도호부 사단(社壇)조에 목은 이색의 '참성단시'를 인용하기를 "마니산 꼭대기에 있는데, 돌을 모아 쌓았고, 단의 높이는 10척이며, 위는 모가 나고 아래는 둥근데, 위는 사면이 각각 6척 6촌이요, 아래 둥근 것은 각각 15척이다. 세상에서 전하기를 '단군이 하늘에 제사하던 곳이다.'"고 하였다.

한반도 중앙에 위치하는 마니산은 참성단에서부터 남쪽으로 한라산, 북쪽으로 백두산에 이르는 거리가 똑같다고 한다. 하늘과 땅에 제사 드리는 성지로서 으뜸가는 산이며 단군의 행적이 살아 있는 민족정신의 고향이요, 국풍의 중심 도량이라 할 수 있다.

1953년부터는 전국체육대회의 성화 채화지(採火地)로 지정되어 마니산 정상의 참성단에서 7선녀에 의하여 햇빛으로 점화된 성화를 주자에게 인계한다. 그리고 참성단에서 매년 10월 3일에 제천행사를 올리고 있다.

(1) 참성단중수비(塹城壇重修碑)

참성단 정상에서 남쪽방향으로 가파른 산길을 2~3분 쯤 내려가자 큰 바위가 나타나고 남면을 평평하게 다듬어 '참성단중수비를 새겨 놓았다. 중수비는 바위에 가로 0.5m, 세로 1.03m 테두리를 깊이 0.5cm 정도로 파내고 그 안에 참성단을 개축한 사실을 새긴 일종의 마애비(磨崖碑)이다. 이 비는 인천광역시 문화재자료 제13호로, 인천광역시 강화군 화도면 흥왕리 산 42-3번지에 위치하고 있다.

조선 숙종 43년(1717) 5월 강화유수 최석항(崔錫恒)이 전등사 주지 신묵(愼黙)에게 명하여 무너진 참성단을 다시 고쳐 쌓은 사실을 기록하였다. 최석항은 "참성단이 수천 년을 지났으니 비바람에 씻기고 깎여 서북 양면이 반쯤 무너졌고, 동편 계단이 기울어져 고을 사람들이 서로 이를 개탄했다." 그래서 "수천 년후의 후손들이 이곳을 바라보면 반듯이 경건한 마음을 일으킬 것인즉 어찌 바로 고치지 않을까"라고 기록하고 있다.

• 마니산 정상 남쪽 암벽에 세긴 참성단중수비

• 마니산 참성단중수비 탁본(저자 소장)

(2) 천재암지(天齋庵址)

참성단에 오르는 동쪽 방향에 화도면 문산리산 13번지에 천재암지

• 천제암지 석주와 석축

가 있다. 사람들이 잘 다니지 않는 계곡을 따라 한참을 올라간다. 숲속 한 가운데 자리한 또 하나의 제단이 눈에 들어온다. 인천시 기념물 제24호이다.

 이곳은 하늘에 제사 지내던 곳이라고 해서 '천제궁지(天祭宮址)'라고도 전한다. 아마 가파른 참성단까지 오르기 어려운 연로한 제관이나 참배객을 위하여 참성단을 오르기 전 마니산 중턱에 별도의 제사처를 마련한 것이 아닌지도 모르겠다. 그리고 이곳을 일명 '천재암지(天齋庵址)'라고도 하는데, 참성단에서 하늘에 제사를 지내기 위해서 제관들이 한나절에 참성단까지 오르기 어려우므로 마니산 중간 지점에서 재숙(齋宿)하면서 신성한 제사나 행사를 참석하기 전에 몸과 마음을 깨끗이 하는 재계(齋戒) 장소로 천재궁이라고 했던 것으로 보인다. 『대동지지(大東地志)』 강화부조에 조선 태종이 왕위에 오르기 전 우대언(右代言)시에 이곳에 머물며 재숙하였다고 하여 재궁(齋宮)으로도 알려져 있다. 그리고 제사 지낼 때 사용하는 제기와 제물을 준비하던 재궁의 역할을 하였던 곳으로 추측된다.

 실제로 천재암지는 삼단 석축으로 이뤄져 있고, 수풀로 짙은 그늘이 드리워진 숲속에서 석축이 환하게 빛나고 있다. 참성단만큼이나 신비로운 모습으로 다가왔다. 천재암지 부근에는 지금도 정한수가 솟아나는 우물이 있고 집터도 보인다. 제사음식을 만들었던 곳일 것이다. 천재암지는 3단의 석축으로 되어 있으며, 전체 넓이는 약 70평 정도이다. 천재암이 세워진 시기는 정확히 알 수 없

● 천재암(天齋庵) 오르는 길섶 바위에 새겨진 '금표(禁標)'각자 (오른쪽 위)
● 천재암지 입구 '금표(禁標)' 탁본(세로 64cm, 저자 소장)

으나 고려 때 목은 이색의 '시판(詩板)'이 걸려 있었다고 전하는 것으로 보아 고려 때 이미 지어진 것 같다.

천재암지 오르는 길 동쪽에 비스듬한 바위가 드러난다. 바위 위에 해서체로 '禁標'라 크게 새기고 왼쪽에는 작은 글씨로 '甲子八月立'이라고 제작년월이 새겨져 있다. '금표'는 "천재암은 신성한 곳이므로 함부로 올라가서는 안 된다"는 뜻의 일종의 출입금지 경고문이다.

2) 삼랑성(三郞城)

삼랑성은 정족산성이라고도 하며 길상면 온수리 정족산(해발 231m)에 있는 높이 2.3m 내지 5.3m, 길이 2.3km이다. 사적 제 130호 이다. 그러나 성의 크기에 대해서는 각양 각설로, 『문화재대관』(문화공보부, 1975)에서는 1km라 하였고, 『강화사』(강화문화원, 1983)에는 둘

레 길이가 2㎞라 하였으며, 또 『강화전사유적보수정화지』(문화재관리국, 1978)에는 2,944m라고 하였다. 1994년 저자는 삼랑성 실측조사를 실시하여 산성의 총길이가 2.3㎞로 측정되었다. 삼랑성은 백제 시기에 서해 방어의 전초기지로 사용되었던 것으로 추정하기도 한다.

『고려사』권56 지리지 전등사조에 전등산을 "삼랑성이라고도 하는데 세상에서는 단군이 세 아들로 하여금 쌓게 했다(傳登山一名三郎城世傳壇君使三子之)."는 기록에 따라 삼랑성이라 하였다고 한다.

• 삼랑성 남벽의 여장과 총안(1994)

이 성을 쌓은 연대에 대한 것은 확실치 않다. 삼랑성은 처음에는 흙으로

• 사적 제130호인 삼랑성 동벽 상부에 일부 여장(女墻)을 복원하여 등산로로 사용되고 있으나 남쪽으로 일부는 여장을 두르지 않았다. 성벽 바로 아래는 최근에 신축한 건물군이다.(2017)

쌓은 토성이었을 것으로 추정되며, 이후 석성으로 발전하였을 것으로 보인다. 석성을 쌓은 수법이 할석(割石)을 맞추어 가며 쌓았고 성벽 안에도 할석으로 채워 체성을 견고하게 쌓은 것이 삼국시대 중·후기의 석성 축조와 유사하다. 역사적으로도 강화도가 고구려에 예속되기 이전인 400여 년간 백제의 중요 강역이었기 때문에, 한강의 관문으로서 뿐 아니라 백제 전기의 중요한 요새의 역할을 했기 때문에 백제시대의 것이 아닌가 생각된다.

정족산성은 주위가 가파른 절벽으로 천험한 요새다. 산성의 시설물로는 남문루와 동문, 서문, 북문이 있다. 또한 성안에는 13개의 우물이 있었다. 삼랑성 동문 동북벽으로 오르면서 여장이 복원되었으나 동남쪽으로는 미복원되었다. 저자가 1994년 여름 실측조사할 때에는 삼랑성 남쪽 성벽에 여장(女墻)과 총안(銃眼)이 남아 있었다. 그러나 최근 복원한 삼랑성 남벽에는 여장이 없다. 여장은 적을 방어하는 용도뿐만 아니라 아군의 안전을 위한 난간이기도 하다.

고려 때에는 고종 46년(1259) 5월에 중랑장 벼슬의 백승현(白勝賢)이 풍수설에 따라 삼랑성 안에다가 가궐(假闕)을 지었다. 조선 중기에 와서는 장사각(정족산사고)을 지어 실록을 보관케 했고 선원보각을 지어 왕실 족보를 보관하였다. 이를 보호하기 위해 성안에는 군창과 군기고를 갖춘 '정족진'을 설치하였다. 병인양요 때 삼랑성 전투에서 프랑스군의 공격을 아군이 잘 막아 내어 조선왕조실록과 왕실 족보가 프랑스 군으로부터 약탈되는 것을 막아낼 수 있었다.

• 봉천대

3) 봉천대(奉天臺)

하점면 신봉리 산 63번지 봉천산(해발 291m)에 있다. 하늘에 제사지내던 이 봉천대는 높이 5.5m, 밑지름 7.2m의 정방형 사다리꼴 모양으로 마치 피라미드와 같이 돌로 쌓은 제단이다. 처음 쌓은 시기는 알 수 없지만 『강도지』에 고려 때에 축리소(祝釐所)로 사용되었다고 한 것을 보면 나라에서 제천의식을 행했던 곳임을 알 수 있다.

이 봉천대는 하음봉씨(河陰奉氏) 선조의 발상지로 받들어지기도 한다. 그 뒤 조선 중엽에 이르러서는 봉수대로 사용되었다. 봉천산에 오르면 서해와 북녘 땅이 한눈에 들어온다

강화도는 전략적으로 중요한 지역이므로, 백제로서는 이 지역에 대한 지배력을 강화시키기 위해 적극적인 노력을 했을 것이다.
강화도는 백제의 수도에서 한강을 통해 바다로 나갈 수 있는 관문에 위치하므로 백제의 핵심부를 외부와 연결하고 방어하는 데도 중요한 역할을 할 수 있는 전략적 요충이다.

제4장

삼국시대와 통일신라시대의 역사와 문화

- 삼국시대와 통일신라시대의 역사
- 삼국시대와 통일신라시대의 문화

삼국시대와 통일신라시대의 역사와 문화

1. 삼국시대와 통일신라시대의 역사

1) 삼국시대 강화도의 역사

한반도 중남부의 각 지역에는 철기문화의 유입을 전후하여 소국(小國)들이 형성되기 시작했는데, 강화 지역에는 하나의 통합된 소국이 있었을 것으로 보고 있다. 강화의 북부 지역에 고인돌무덤[지석묘]의 분포 면에서 두드러진 점을 고려했을 때 소국이 성립되었을 가능성이 있다. 이후 이 지역의 세력 집단은 한(漢)과 지리적으로 가까운 조건을 이용하여 그들의 문물을 수입하려고 노력했을 것이다. 화개산의 서파(西坡)에서 패각 류가 경질토기 편들과 함께 수습되고 있어 주목을 끌고 있다.

백제가 건국되고 나서 한강 유역의 소국들을 점차 병합해 가면서, 강화 지역도 백제의 권역으로 들어가게 된다. 『삼국사기』「백제본기」에 의하면, 온조왕(溫祖王) 13년(BC.6)에 북쪽으로 패하(浿河), 남쪽으론 웅천(熊川), 서쪽으론 대해(大海), 동쪽으로 주양(走壤)에 이르는 영토를 획정했다고 하였다. 여기서 강화도와 관련하여 주목되는 것은 패하이다.

패하는 일반적으로 지금의 대동강을 가르친다. 이후의 사료에서도 오랫동안 백제와 한(漢) 군현(郡縣)의 경계 지역으로 등장하고 있는데, 백제가 그 유역까지 차지하면 강화도를 3면에서 둘러싸게 된다. 강화도가 한강, 임진강, 예성강의 어구에 위치한다는 점을 고려하면 지리적으로 백제가 이 지역을 확보하게 되면 예성강 이남 지역 전체를 장악하게 된다.

온조왕이 백제를 건국한 후 13년(BC.6)에 영토를 넓혔다는 점은 서울 풍납토성(風納土城) 발굴 결과 초기 백제왕성이 확실한 최근의 고고학적 성과를 고려한다면 크게 의심할 바 없다.

온조왕 22년(4) 가을 8월에 석두(石頭), 고목(高木) 2개 성을 쌓았는데, 백제의 고목성은 교동(喬桐)의 옛 지명이 고목군(高木郡)인 것을 감안할 때 혹 교동 화개산성(華蓋山城)이 고목성일지도 모른다. 화개산성은 삼국시대의 성으로 추정되고 있다.

온조왕 27년(9)에는 마한(馬韓)을 멸망시키고, 37년(18)에는 지금의 온양(溫陽)에 탕정성(湯井城)을 쌓았고 또 43년(23)에는 아산원(牙山原)에서 5일간이나 사냥했다고 하는 기록이 있다. 온조왕 대에 이미 충청도 북부 일대를 통합했다. 백제는 패수(浿水)까지 세력권 내로 편입시킨 이후 이를 경계로 삼은 상태에서 낙랑과 오랫동안 투쟁을 하고 있다. 백제왕은 이러한 대결 상태에서 북변 지역에 대한 지배력을 확고히 하기 위하여 패하까지 순수(巡狩)하기도 했다.

강화도는 전략적으로 중요한 지역이므로, 백제로서는 이 지역에 대한 지배력을 강화시키기 위해 적극적인 노력을 했을 것이다. 일반적으로 왕의 순수는 해당 지역에 대한 지배력을 확고히 하거나 이를 과시하기 위한 수단으로 이용되었다. 고이왕이나 진지왕이 여기까지 와서 사냥을 하게 된 것은 백제의 한강 유역의 관문에 위치한 강화 지역의 전략적 중요성을 인정했기 때문이다.

강화도는 백제의 수도에서 한강을 통해 바다로 나갈 수 있는 관문에 위치하므로 백제의 핵심부를 외부와 연결하고 방어하는 데도 중요한 역할을 할 수 있는 전략적 요충이다. 백제가 성장하게 된 배경을 한 군현의 위협이나 영향에 대해 공동으로 대응하기 위함이었다는데서 찾으려는 견해도 있는데, 강화 지역의 경우 한 군현에 대해 효과적으로 대응하고 한강 유역과의 경제적 교류를 활성화시키기 위해 백제 세력에 대해 적극적으로 협조했을 가능성도 있다. 대외적인 측면에서 보면, 고대에 중국으로 가는 항로가 대개 연안을 계속 따라가는 항로나 황해도 주변에서 황해를 횡단해 산동 반도로 항해하는 길을 이용했는데, 이 경우 백제의 수도인 하남위례성에서 배를 타고 강화도 어구를 거쳐 항해했을 가능성이 크다. 이렇게 본다면 강화도를 포함한 한강 하구는 대외교류의 관문(關門)으로서도 의미를 지닌다.

3세기 말에는 중국 사서에 마한(馬韓)의 군주가 진(晉)에 사신을 자주 파견하고 있는 것으로 나오는데, 여기서 사신을 파견한 주체를 마한이라고 하였는데, 이는 백제라고 생각된다. 『삼국사기』 기록에서도 백제의 점차적인 성장에 따른 한 군현과의 관계변화를 파악할 수 있다.

『삼국사기』「백제본기」에 의하면, 고이왕(古爾王)은 3년(236)에 '서해대도(西海大島)'에서 사냥을 하고, 진사왕(辰斯王)은 7년(391)에 '국서대도(國西大島)'에서 사냥을 하였다고 한다. 여기에 보이는 서해대도는 서해상의 대도이고, 국서대도는 백제국의 서쪽에 있는 대도로 하나의 큰 섬을 지칭하는 것으로 이는 지리상으로도 강화도일 수밖에 없다. 강화도는 백제가 한강 유역에 도읍을 정할 시기부터 백제의 강역에 속해 있었다고 볼 수 있을 것이다. 진사왕이 강화도로 추측되는 '국서대도'에서 사냥을 했다고 하는데, 이것은 단순히 사냥이기보다 수도의 관문인 한강 어구를 확고히 지키려는 영토 확인의 의도가 반영되었다고 생각한다.

4세기 후반이 되면 고구려·백제 모두 대외적으로 팽창하면서 양국 사이에 다시 수많은 마찰이 빚어진다. 근초고왕(近肖古王) 24년(369) 치양에서 출동하였으며, 동왕 26년(371)에는 패하 주변에서 충돌하고 근초고왕이 평양성을 공격해 고구려 고국원왕(故國原王)을 전사시키기까지 했던 격렬한 전쟁이 있었다. 동왕 30년(375)에는 고구려가 백제의 수곡성(水谷城)을 함락시키기도 했다. 이렇게 양국 사이에 대결의 국면이 조성되자, 백제는 고구려에 대비하기 위해 근초고왕 28년(373)에 청목령(青木嶺)에 성을 쌓고, 진사왕 2년(386)에는 청목령에서 서해에 이르는 방어선을 구축하였다. 이 시기는 대체로 백제가 우세한 입장에서 고구려와 공방전을 벌이는 시기로 볼 수 있다

고구려는 광개토왕(廣開土王)의 즉위 후 백제에 대해 대대적인 공세

를 취했다. 광개토왕 즉위년(391)에는 백제 변경 10개 성을 먼저 차지한 후 관미성(關彌城)을 함락시켰다. 백제는 관미성을 북변의 전략 요충지로 중시하여 여러 차례 수복을 시도했으나 번번이 실패하고 말았다. 이후에 고구려는 광개토왕 6년(396)까지 백제의 58성(城) 700촌(村)을 빼앗는다.

여기서 관미성은 사료상으로 4면이 매우 가파르고 해수로 둘러싸인 곳이라는 점은 알 수 있지만 구체적인 장소는 알 수가 없다. 관미성의 위치에 대해서 강화도로 비정하기도 한다. '관미(關彌)'는 한강 어구(於口) 즉, 백제 수도의 최전선 기지를 의미한다. 그 뿐만 아니라 예성강의 어구가 되기도 한다. 마치 병마개처럼 한강 어구를 틀어막으면 해로로 백제도성으로 진입이 어렵다. 해로상으로 침입하는 외적을 저지하는 전초기지이다. 그것은 지리적으로도 한강 어구의 요새(要塞)이기 때문이다. 조선 말기 외국의 침입자들이 한양성의 관문인 강화도를 먼저 침공했을 때 최전선에서 대항했던 것과 같다. 강화도가 적에 함락되면 조정이 위태롭게 된다.

광개토왕은 한강 이북 지역을 차지하고서 백제의 보복 공격에 대해 적극적으로 대처했는데, 이후 백제와 고구려의 충돌 기사를 보면 광개토왕이 확보한 58성 700촌은 한강 이북에 집중되었을 것으로 추정된다. 4세기 말까지 강화 지역은 여전히 백제(百濟)에 속했던 것으로 생각된다. 이 시기의 강화 지역은 백제가 고구려와 대결하는 지점에 위치한 셈이다.

이 시기에 한강 하류 지역에서 백제가 다시 장악했다는 곳은 대개 서울 이남 지역인 것 같다. 그렇다면 5세기 말부터 6세기 중반에 이르는 고구려의 남하 시기에 강화 지역은 계속적으로 고구려의 지배하에 있었다고 보아야 할 것이다. 고구려가 한강 유역을 장악할 당시의 강화도는 고구려의 남방경계선보다 북쪽에 위치했으므로, 국가 간의 대결지점으로서의 성격은 지니지 않았을 것이다. 이 시기의 강화도는 혈구군(穴口郡)으로 불렸으며, 한강 중류의 한산군(漢山郡)과 연계되어 통치되었을 것으로 생각된다. 혈구군을 일명 갑비고차(甲比古次)라고도 하는데, 갑비고차는 강화 지역의 한자식 지명이 정착되기 이전에 전통적인 지명이었을 것이다. 현재의 불은면 삼성리 혈구산성이 혈구군지로 전하며, 이곳이 고려시대까지도 강화의 중심지 역할을 했다고 본다. 강화도 본섬은 동음나현(冬音奈縣)과 수지현(首知縣)으로, 교동도(喬桐島)는 고목근현(高木根縣)으로 나뉘어 다스려졌다.

개로왕(蓋鹵王) 21년(475)에는 고구려가 백제의 하남위례성을 함락시키면서 한강유역이 고구려의 수중으로 들어가게 된다. 이때부터 강화 지역도 고구려의 지배를 받기 시작한다. 그런데, 5세기 말부터 백제가 한강 유역을 다시 회복한 듯한 기사들이 발견된다. 동성왕(東城王) 21년(499)에 한산인(漢山人)들이 고구려로 도망했다거나, 이듬해 동성왕 22년에 우두성(牛頭城)에서 왕이 사냥을 하고, 무령왕(武寧王) 23년(523)에 왕이 한성에 행차했다는 것, 그리고 성왕(聖王) 원년(523)에 고구려의 침입을 패수(浿水) 주변에서 격퇴하고, 성왕 26년(548)에 고구려가 한북(漢北)의 독산성(獨山城)에 침입했다는 기사 등이 그것이다. 이는 고구려가 5세기 말부터 남양만에서 죽령·조령에 이르는 선까지 세력권을 형성했다는 통성과 상당히 배치되기 때문에 문제가 된다. 이에 대해 백제가 동성왕대에서 무령왕 대까지는 한강 유역을 수복했다는 견해도 있다. 일시적이나마 한강선까지는 회복했을 가능성이 매우 크다. 다만 『삼국사기』 지리지에 옛 고구려 영토였다고 기록된 지역이 소백산맥 이남 지역까지 미치고 있으므로, 고구려 세력의 남하 기간을 너무 짧게 볼 수는 없을 것이다.

신라가 진흥왕(眞興王) 14년(553)에 백제의 동북부를 차지하여 신주(新州)를 세운 이후 동왕 16년(555)에 진흥왕은 북한산에 순행하여 한강 유역에 대한 지배력을 확고히 했다. 그 이후의 기사들을 보면, 평원왕(平原王) 13년(571)에 동왕이 패하 주변에서 50일 가량 사냥한 적이 있고, 7세기 영양왕 14년(603)에 고구려가 신라의 북한산성을 공격하다가 실패하고 돌아갔다. 신라 선덕왕(善德王) 7년(638)에 신라의 북쪽 경계라는 칠중성(七重城)을 공격하다가 실패로 돌아갔고, 태종무열왕(太宗武列王) 7년(660)에는 고구려가 칠중성을 공격해 군주(軍主) 필부(匹夫)가 전사하기도 했다. 이렇게 신라가 한강 유역을 차지하는 6세기 중반부터 삼국통일 직전까지는 고구려, 신라가 대체로 임진강 주변을 경계로 해서 대치하고 있었음을 알 수 있다.

강화도는 임진강, 한강의 하구였기 때문에 고구려가 강화 지역에 대한 전략적 가치를 중시했다면, 계속 고구려 지역으로 남았을 가능성도 있다. 그런데 화도면 사기리 정수사(淨水寺)가 신라 선덕왕 8년(639)에 회정(懷正)대사에 의해 창건되었다고 한다. 석모도 삼산면 매음리에 있는 보문사(普門寺)는 선덕왕 4년(635)에 창건되었다고 한다. 보문사를 창건한지 14년째 되던 해에 절 아래의 바닷가에서 한 어부가 나한상 22구를 그물로 걷어 올려 절의 오른쪽 석실 안에 봉안했다는 전설이 전해지고 있다. 이 시기의 강화도는 신라가 고구려와 대치함에 일종의 전진기지(前進基地)로서의 역할을 했다고 생각된다.

2) 통일신라시대의 강화도의 역사

660년 이후 신라가 삼국을 통일하는 과정에서 예성강에서 임진강, 한강 유역 일대가 역시 중요한 대결장소로 등장한다. 백제가 멸망한 다음 해인 태종무열왕 8년(661)에는 고구려가 술천성(述川城)과 북한산성을 공격하다가 실패했다. 문무왕 8년(668)에 신라가 고구려의 평양성을 격파하고 남한주에 돌아왔다. 삼국이 통일된 후 신라가 고구려 유민들을 이용해 옛 백제 지역을 확고히 장악하려고 시도하자, 당군(唐軍)과 신라군 사이에 전쟁이 벌어져 옛 대방 지역에서 신라가 당군과 싸우다가 패배하였다.

문무왕 15년(675)에는 당군이 신라 북변의 칠중성, 매초성(買肖城, 楊州), 석현성(石峴城) 등을 공격하여 당군을 몰아냈다. 이 일련의 대당전투에서 한강과 한강 어구의 전략적 역할이 매우 지대했을 것으로 짐작된다. 그 중심에 강화도가 있다. 이 지역에는 여러 강들이 모여드는 지역으로 이 지점을 장악하느냐 못하느냐에 따라 승패가 결정된다. 그것은 과거나 현재도 마찬가지라고 생각한다.

한강 유역은 한산주(漢山州)로 편성되었다. 경덕왕 16년(758)에 한주(漢州)로 개칭되었다. 한주 아래에 27군(郡) 46현(縣)이 소속되었다. 강화 지역은 이 중 27군에 속해 있다. 이 점에 혈구군이라고 부르던 강화 지역은 해구군(海口郡)으로 이름이 바뀐다. 그 영현(領縣)의 명칭도 바뀌어 강화 본섬의 동음나현은 강음현(江陰縣)으로, 수지현(首知縣)은 수진현으로, 그리고 교동도의 옛 지명인 고목근현은 교동현(喬桐縣)으로 바뀌었다. 이는 고구려 시기의 통치구역 편성방식을 그대로 따르되 명칭만 바꾼 셈인데, 강화 지역의 지형을 고려한 조처로 볼 수 있다.

선덕왕(宣德王) 3년(782)에는 패강진(浿江鎭)을 설치해서, 발해의 인접 지역인 서북변 지역을 효과적으로 방어하는 수단으로 삼았다. 패강진의 위치는 평산설, 봉산설 등으로 견해가 갈리어 있지만, 대체로 황해도 지역을 중심으로 하며 대동강 이남 지역까지 관할하는 일종의 군사적 통치 지역이었다는 점은 인정할 수 있다. 헌덕왕(憲德王) 18년(826)에는 패강(浿江) 연안 300리에 이르는 장성을 축조하게 된다.

강화 지역에는 문성왕(文聖王) 6년(844)에 혈구진(穴口鎭)이 설치되고 아찬(阿湌) 계홍(啓弘)이 진두(鎭頭)로 임명되었다. 신라의 북변 지역 방어를 염두해 둘 때 혈구진은 패강진 남쪽에 위치하므로, 패강진의 방어기능을 배후에서 보조하는 기능을 했다고 볼 수 있다. 또 강화도의 위치상 혈구진은 예성강·임진강·한강 유역으로 진입하는 입구에 해당하므로, 이들 유역을 어구에서 보호하는 기능도 했다고 보인다.

이 시기를 전후에 설치된 진(鎭)들로는 혈구진 외에 당성진(唐城鎭), 청해진(淸海鎭)이 있다. 이들은 모두 육상 해상교통의 요충에 위치하며, 해적들을 소탕하는 군사적인 목적 이외에 무역활동을 원활히 하는 경제적 목적도 아울러 가지고 있었다. 혈구진 역시 이러한 목적에 잘 부합된다고 볼 수 있으며, 실제로 800년경 이후부터는 무역활동의 중요한 기지역할을 했다. 그리고 이때는 이미 각 지역에 대한 신라 중앙정부의 통치력이 약해지고 있었다. 이러한 때에 혈구진을 설치했다는 것은 이 지역에서 독자적인 지방 세력이 성장하는 것을 억제시켜 신라의 중앙정부의 통제력을 강화시키려는 목적도 있었다고 할 것이다. 이후 신라 중앙정부의 의도와는 상관없이 한강 유역의 주변에서도 점차 독자적인 세력이 출현했는데, 강화 지역도 예외가 아니었다. 그것은 곧, 새로운 왕조를 인태하고 있었다는 의미를 갖는다.

2. 삼국시대와 통일신라시대의 문화

1) 강화도의 성곽

『강도지(江都志)』 고적조에 보면 고려성으로 마니산성, 고려산성, 하음산성, 화개산성, 현당산성 등이 있다. 고려 강도시기의 내성인 강화읍성은 지리적으로 강화도의 북쪽에 위치해 있고, 한강과 예성강의 어구에 있어 지정학적으로 매우 중요한 성곽이다. 저자는 백제문화개발연구원의 지원으로 1993~94년 삼랑성 실측조사를 실시한 적이 있는데, 삼랑성의 동문과 남문의 좌우에 남아있는 토축(土築) 기저부는 삼국시대 이전에 쌓은 토성이 아닌가 추측된다. 최소한 강화도가 갖는 삼국시대의 지정학적 위치에서 볼 때 백제의 서해 방위 전초기지로서

• 삼랑성(사적 제130호) 동문 남쪽 성벽 토축 기저부(1994)

의 전략적인 산성이 아니었나 생각된다.

이밖에 삼국시대의 산성으로 교동 화개산(華蓋山) 정상(해발 269m)에 화개산성이 있다. 일명 고구리(古龜里)산성이라고도 하는데, 화개산성은 바다를 면한 고구리와 읍내리, 상룡리에 이어지고 있다. 서해를 방어하기 위한 요새이다. 성벽은 두께가 약 1.2m 정도, 높이는 가장 높은 곳이 약 5m 정도이다. 『교동지』에 의하면 내외성이 있었다고 하나 지금은 내성만 남아 있다. 그리고 성안에는 연못과 우물이 있고 군창터도 있었다고 한다. 화개산성 서쪽에서 타날문토기편이 출토되고 있는 것으로 보아 삼국시대의 산성일 것으로 추정된다.

• 삼랑성(사적 제130호) 동벽 체성의 토축 기저부(2017). 최근 토축 기저부에 건축물이 신축되었다.

2) 강화도의 불교 유적

(1) 전등사(傳燈寺)

강화도의 삼국시대 문화로는 불교문화가 대표적이다. 물론 이때의 유적과 유물은 별로 남아 있는 것이 없으나 삼국시대나 통일신라시대에 창건되었다고 전해지는 전등사가 대표적이다. 전등사는 강화도 남부 정족산의 삼랑성 안에 자리 잡고 있다.『전등사 사적기』에는 고구려 소수림왕 2년(372) 아도화상이 진종사(眞宗寺)를 연데서 비롯했다고 한다. 그 뒤 삼국시대의 사적은 잘 알려지지 않고 고려 강도 시기의 사적이 잘 알려져 있다.

고려 고종 46년(1259) 삼랑성과 신니동에 가궐을 짓게 했다. 원종 5년(1264)에는 이 삼랑성 가궐과 신니동 가궐에서 불정도량(佛頂道場)을 넉 달 동안 열었다. 고려가 궐지는 1999년 대웅전 맞은편 숲속에서 조사되었다. 충렬왕의 원비인 정화(貞和) 궁주 왕씨가 불전에 옥으로 된 등잔을 올린 뒤부터 이 절이 '전등사'로 불리게 되었다고 한다. 이때 올린 것으로 전하는 옥등(玉燈)이 지금도 대웅전에 걸려 있다. 정화 궁주의 원찰이다.『신증동국여지승람』에 의하면 충렬왕 8년(1282) 궁주는 승려 인기(印奇)에게 송나라에 들어가 대장경을 인쇄하여 이곳에 보관하게 했다고 한다. 고려 말의 성리학자인 목은 이색의 전등사 시(詩) 가운데 "구름과 연기는 삼랑성에 아득하고, 정화 궁주의 원당(願幢)을 뉘라서 고쳐 세우리."라고 읊은 구절로 보아도 삼랑성에 있는 이 전등사가 정화 궁주의 원찰이었음을 알 수 있다.

조선조에는 현종 원년(1660) 유수 유념(柳捻)이 선원보각과 장사각을 향산으로부터 이곳으로 옮겨 짓고 숙종 4년(1678)부터 실록(實錄)을 보관하기 시작함으로써 전등사는 사고(정족산사고)를 지키는 사찰로 조선 왕실의 비호를 받게 되었다. 1707년에는 유수 황흠(黃欽)이 사각을 고쳐 짓고 다시 별관을 지어 취향당(翠香堂)이라 하여 보사권봉소(譜史權奉所)로 정했다. 1866년 병인양요를 겪고 난 이후 1906년 일본에 의해 '조선통감부'가 설치되고, 1909년에 통감부로 옮겨짐으로써 그 역할을 끝냈다. 1910년 조선병합 후 1911년 조선총독부 사찰령이 반포됨에 따라 전등사는 강화와 개성 6개 군에 있는 34개 사찰을 관리하는 본산으로 승격했다. 1934년에는 전등사가 전문 강원을 설립하고 『전등사본말사지』를 편찬 간행하였다. 전등사의 건물과 유적으로는 대웅전, 약사전, 명부전 등 고건축과 불교유물이 많기로 유명하다. 바로 '성보(聖寶)' 사찰이다.

대웅전(보물 제178호)은 조선 광해군 13년(1621)에 지은 정면 3칸, 측

• 전등사 전경. 오른쪽부터 대웅전(보물 178호), 향로각, 약사전(보물 179호), 명부전, 극락암. 종각

면 2칸 형식의 목조 건물이다. 정면 3칸은 기둥과 기둥 사이를 같은 길이로 나누어 빗살문을 단 형식이다. 좌우 옆면은 벽이나 앞 1칸에만 외짝으로 문이 있다. 기둥은 대체로 굵은 편이며 모퉁이 기둥은 높이를 약간 높여서 처마 끝이 들리도록 했다. 외관상 나타나는 특징은 우선 비슷한 시기의 다른 건물에 비해 약간의 변화를 보여주고 있다는 점이다. 곡선이 심한 지붕과 화려한 장식(발가벗은 여인의 모습으로 쪼그려 앉은 인물상, 동물 조각, 연봉오리 조각 등)은 그러한 특징을 잘 보여 준다. 대웅전 내부는 아름다운 목조각으로 만든 불단, 우물천장, 고색창연한 단청무늬, 비천문, 연꽃 목조각이 들어 있어 보는 사람의 눈길을 끈다. 대웅전 안에는 목조석가여래삼불좌상은 2012년에 지정된 보물 제1785호가 있고, 그 대좌인 수미단(須彌壇)과 업경대(業鏡臺) 두 쌍은 인천시 유형문화재 제48호와 제47호로 지정되었다. 그리고 삼존불의 후

• 전등사 대웅전(보물 제175호) 안에 목조 석가여래삼존불좌상(보물 제1785호) 목조 업경대(인천시 유형문화재 제47호) 목조 수미단(인천시 유형문화재 제48호) 후불탱(인천시 문화재자료 제21호)이 한데 모여 법보(法寶)를 뽐내고 있다. 위험천만하게 촛대까지 경염(競艶)에 끼자고 한다.

불탱은 인천시 문화재자료 제21호이다.

약사전(보물 제179호)은 대웅전 서쪽에 위치하는 건물로 대웅전과 거의 같은 양식의 건물이다. 대웅전과 함께 지붕을 수리했다는 기록 외에 다른 기록이 없어 그 창건 연대는 알 수 없다. 건물의 겉모습이나 내부 장식도 대웅전과 비슷하다. 법당 안에 있는 석조약사여래좌상은 인천시 유형문화재 제57호로 지정되었다. 석조약사여래좌상은 약간 딱딱하지만 아담하고 잘 조화된 모습이나 불상 양식으로 보아 고려 말기에 속하는 석불로 보고 있다.

명부전은 약사전 옆 서남쪽에 위치해 있다. 이 명부전을 처음 세운 연대는 알 수 없으나 조선 영조 43년(1767), 헌종 5년(1839), 고종 21년(1884)에 보수했다고 한다. 정면 3칸, 측면 2칸의 건물로 안에는 지장보살삼존상을 미록하여 시왕, 귀왕, 판관, 장군, 동자 등 29구의 상이 보물 제1786호로 지정되었다.

전등사에는 대조루, 삼성각, 향로전, 적묵당, 강설당, 극락암, 범종각 같은 부속 건물들이 있다. 대조루(對潮樓)는 대웅전에 이르는 중정 바로 앞에 있다. 아침저녁으로 밀려오는 조수를 바라본다고 해서 붙여진 이름이다. 오르내리면서 쳐다보면 2층 문루 처마 밑에 '전등사(傳登寺)'라고 한 현판이 걸려 있다. 앞면은 2층 목조 건물로 그 풍채가 아담한데 대웅전으로 오르는 문루의 역할을 하고 있다. 대웅전에서 바라보면 1층 한옥이다. 조선 영조 25년(1749)에 이 건물을 고친 적이 있고 헌종 7년(1841)에는 다시 지었다고 한다. 1916년과 1932년에 수리와 같은 중건을 거쳐 오늘날과 같은 모습으로 남아 있게 되었다. 인천시 문화재자료 제7호이다. 고려 목은 이색의 시가에도 대조루 시가 보인다.

삼성각은 1933년 주지 이보인(李普仁) 대사가 창건했다. 향로전은 정면 3칸, 측면 2칸의 아담한 건물이다. 적묵당과 강설당은 대웅전과 마주보는 곳에 있다. 적묵당은 선원이고 강설당은 강원을 대표하는 건물이었다. 강설당 아미타불탱화는 인천시 문화재자료 제22호로 지정되었다.

극락암은 절에서 가장 높은 곳에 위치하나 독립된 암자는 아니다. 극락암 뒤 50m 지점에 장사각과 선원보각의 그리고 그 옆에 취향당이 최근에 복원되었다.

전등사 범종각에 전해지는 유물로 보물 제393호로 지정된 중국 송대 범종이 걸려있다. 우리나라 종과는 형태가 전혀 다른 중국에서 주조된 중국 종이다. 종 몸체에 일부 명문이 남아 있어 만들어진 곳(大宋 懷州), 절 이름(崇明寺), 연대(1097년) 등을 알 수 있다. 이 종은 일제 말기에 군수 물자로 징발당해 전등사를 떠나 이곳저곳을 떠돌다가 광복 이후 부평 군기창에서 발견되어 다시 이곳으로 옮겨왔다.

이 밖에 조선 중종 39년(1544) 법화경판 104매(제45호)와 대웅전 청동수조(제46호) 등이 인천시 유형문화재로 지정돼 있다.

고려 이궁지에는 조선후기에 정족창과

• 전등사 중국 송대 범종(1097년)이 걸려 있는 범종각

• 전등사 대웅전의 방화용 청동수조(靑銅水槽)

진해창 및 화약고를 설치했던 정족산성사고와 선원보각을 수호하기 위해 설치한 산성진(山城鎭)의 터가 최근에 발굴된 바 있다.

전등사 경내에는 국가 사적 1개소, 보물 5점, 인천시 유형문화재 7점, 기념물 3개소, 문화재자료 2점, 향토유적 2개소 등을 소유하고 있어 우리나라 굴지의 법보(法寶)사찰 가운데 하나이다. 그뿐만 아니라 역사 유적과 문화재를 지킨 호국사찰이다.

(2) 정수사(淨水寺)

정수사는 회정(懷正) 대사가 신라 선덕여왕 8년(639)에 정수사(精修寺)란 이름으로 창건했다고 하는데 1426년 함허가 이 절을 중수할 때 법당의 서쪽에서 맑은 물이 발견되어 절 이름을 지금의 정수사로 고쳤다고 한다. 이 샘에서는 아직도 맑은 물이 솟아나고 있다.

정수사는 마니산 동록에 있는 화도면 사기리에 자리잡고 있는데 전등사, 보문사와 함께 강화에서는 빼놓을 수 없는 사찰이다. 마니산을 오른 뒤 남쪽으로 곧바로 정수사에 이르는 길은 좋은 등산 코스이기도 하다. 작은 규모였던 이 절은 1903년 비구니 정일(淨一)이 산령각을 창건하면서 크게 중창되었다.

정수사 법당은 정수법당이라 부르는 대웅보전(보물 제161호)이 유명하다. 건축은 고려 말 조선 초의 대표적인 건축 양식이며, 정면 3칸, 측면 4칸의 단층 맞배집으로 조선 초기 건축 양식을 간직하고 있는 우수한 건물이다. 다만 후대의 보수 때문에 초기와 후세 양식이 섞인 모습을 볼 수 있다. 산신각, 요사 등이 있다. 이밖에 불교 유물은 대부분 후대의 것들로 불상, 탱화, 불경들 약 20점이 있다.

(3) 청련사(靑蓮寺)

전설에 의하면 고구려 장수왕 4년(416) 중국 진(晉)나라 때 인도 스님이 우리나라에 와서 절터를 물색하던 중 강화 고려산에 머물다가 산꼭대기에 다섯 색깔의 연꽃이 만발한 것을 보고는 이 다섯 종류의 연꽃을 날려 연꽃이 떨어지는 곳마다 가람을 지었다고 한다. 그 절들이 바로 청련사, 백련사, 적련사(적석사), 황련사, 흑련사이다. 그래서 고려산을 처음에는 오련산(五蓮山)이라고 불렀다고 한다. 청련사는 강화 유일의 비구니 사찰이다.

청련사 목조 아미타여래좌상은 최근에 보물 제1787호로 지정되었고, 1881년에 그려진 큰법당 삼장보살도와 현왕탱 그리고 원통암 감로왕탱은 인천시 유형문화재로 지정되었다.

(4) 적석사(積石寺)

적석사는 청련사에서 서쪽으로 2km 지점에 있는데 처음 이름은 전설대로 적련사(赤蓮寺)였다. 조선 숙종 40년(1684)에 세워진 '고려산적석사사적기'는 백하 윤순(尹淳)의 글씨로 인천시 유형문화재 제38호로 지정되어 있다. 고려산 서쪽 끝자락에 있는 적석사 낙조대(落照台臺)는 강화10경 중 하나이다.

• 강화도 백련사 철조 아미타여래좌상의 유영(遺影).(사진: 문화재청)

(4) 백련사(白蓮寺)

백련사는 적석사 북쪽 1km 지점에 있다. 순조 6년(1806)에 세워진 서산 대사의 6세손인 의해당(義海堂) 처활(處活) 스님의 사리비와 부도가 있다. 백련사 극락전에는 1400년경에 재작된 철조 아미타여해불좌상(보물 제994호)이 봉안되어 있었으나 1989년 4월 보물 제994호 지정되고 나서 같은 해 12월 도난당한 이후 행방이 묘연(杳然)하다.

(5) 석모도 보문사(普門寺)

보문사는 내가면 외포리에서 배를 타고 가야 하는, 강화도에 딸린 2개의 큰 섬 가운데 하나인 석모도(石毛島)의 삼산면 매음리 낙가산(洛迦山)에 자리 잡고 있다. 보문사는 신라 선덕왕 4년(635)에 세워졌다고 한다.

일찍부터 관음도량으로서 기도드리는 곳으로, 635년 회정대사가 금강산에서 이곳으로 와서 절을 연 다음 관음보살의 성스러운 기운이 서린 곳이라 하여 산 이름을 낙가(洛迦), 절 이름을 보문(普門)이라 했는데 모두 관음보살을 상징하는 이름이다.

• 보문사 낙가산 눈썹바위에 조각된 마애석불좌상(1928)

　창건 이래 수백 년 동안의 사찰 내력은 전해지지 않고 조선시대에 몇 차례 수리, 중창하였다는 '보문사법당중건기'의 기록이 있다. 이 절을 창건한 지 14년 되던 해인 신라 선덕여왕 때 절 아래 바닷가에서 한 어부가 나한상 22구를 그물로 걷어 올려 절의 오른쪽 석실 안에 봉안했다는 전설이 전해져 온다. 석실은 90㎡의 자연 바위 밑에 있는데 가로 11.3m, 세로 8m, 높이 4m이다. 이 석실은 나한전이라고도 부르는데 어부가 그물로 끌어 올린 나한상에서 유래한 이름이다.

　보문사에는 낙가산 중턱 눈썹바위에 마애석불좌상(인천시 유형문화재 제29호)이 있다. 관음보살상은 높이가 32척(9.2m), 폭이 11척(3.3m)이다. 이는 관음보살의 33응신(應身)11면(面)을 상징한다고 한다. 오른쪽 암벽에는 1928에 화응(華應)선사가 새긴 '조불기(造佛記)'가 있다. 사시사철 절경을 자랑하는 것으로 유명하다.

(6) 교동 화개사(華蓋寺)

화개산 아래 교동읍 읍내리 산52번지에는 화개사(華蓋寺)가 있다. 화개사 법당은 소실된 것을 단층 우진각 한옥으로 새로 지었다. 서해 바다를 시원스럽게 내려다 보고 있다. 개창(開刱) 년대는 알지 못하나 고려 대문장가 목은 이색(李穡)이 14세(1341)에 이 곳에서 독서하던 곳으로 『목은시가』 '독서처가'에 전해지고 있다. 이색은 이 해 가을에 성균관시에 합격한다.

화개산성(고구리산성지)은 인천시 향토유적 제30호로 지정되었다.

• 화개사 부도탑과 목은 이색의 독서처를 알리는 설명문.

• 화개사 법당

고려시대 강화도에서는 우리 민족이 잊지 못할 역사가 전개되었다.
고려는 고종 18년(1231) 몽골의 침략을 당하여 이듬해 19년(1232) 최충헌의 아들인 최이(崔怡)가
국왕(고종)을 재촉하여 왕실 귀족을 비롯한 조정 관료들을 모두 강화에 피신시켜,
38년 동안 강화도의 고려시대 수도를 '강도(江都)'라 하고, 이 시기를 '강도 시기'라 부른다.
지금도 강화도에는 고려시대 수도였던 왕궁 터가 남아있고, 곳곳에 몽골과 항쟁하던 흔적들이 남아 있다.

제5장

고려 강도 시기의
역사와 문화

- 강도(江都) 시기의 역사
- 강도 시기의 역사적 인물
- 삼별초와 그 최후
- 강도 시기의 문화

고려 강도 시기의 역사와 문화

1. 강도(江都) 시기의 역사

『고려사(高麗史)』「세계(世系)」에 의하면, 고려 태조 왕건(王建)의 출자를 말하기를 당의 황제(肅宗?)가 제위에 오르기 전에 개성 지역에 잠행(潛行)해 와서 보육(寶育, 왕건의 4대조)의 딸을 취(娶)해 왕건의 조부인 작제건(作帝建)을 낳았고, 작제건은 자기의 부친을 찾기 위해 상선을 타고 당으로 가다가 도중에 서해의 용왕의 딸(龍女)을 취하여 돌아왔으며, 이에 백주(白州) 정조(正朝) 벼슬을 하였다는 유상희(劉相晞) 등이 개성, 풍덕, 연안, 백주의 4주와 강화, 교동, 하음 3현의 사람들이 영안성(永安城)을 쌓고 궁궐을 지어 주었다고 한다. 용여의 소생이 바로 왕건의 부 용건(龍建)이다. 한강 하류의 여러 주현이 모여 이 지역의 수령을 옹립하는 과정을 기록하고 있음을 알 수 있다. 일종의 새로운 수장을 맞이하기 위하여 신격화(神格化)하는 과정에 탄생한 설화이다. 그가 바로 왕건이다.

• 89

왕건의 선조들은 강화도를 중심으로 예성강과 한강 하구 지역에서 재력을 갖춘 호족 세력으로 등장했다. 또한 지역적으로 보아 패강진과 연계되어 성장한 것으로 보고 있다. 강화 지역을 중심으로 왕씨의 해상(海商) 활동은 서해 지역뿐만 아니라 내륙의 한강 유역까지 전개되었을 것이므로, 강화는 한강 유역과 해상을 연결하는 중계지의 역할을 했다고 볼 수 있다.

고려 태조 22년(939)에 현으로 개편되면서 강화현(江華縣)이라고 불리면서 처음으로 '강화'라는 지명이 등장한다.

1) 고려의 강화 천도(遷都)

고려시대 강화도에서는 우리 민족이 잊지 못할 역사가 전개되었다. 고려는 고종 18년(1231) 몽골의 침략을 당하여 이듬해 19년(1232) 최충헌의 아들인 최이(崔怡)가 국왕(고종)을 재촉하여 왕실 귀족을 비롯한 조정 관료들을 모두 강화에 피신시켜, 38년 동안 강화도의 고려시대 수도를 '강도(江都)'라 하고, 이 시기를 '강도 시기'라 부른다. 지금도 강화도에는 고려시대 수도였던 왕궁 터가 남아있고, 곳곳에 몽골과 항쟁하던 흔적들이 남아 있다.

고려가 강화에서 몽골과 항거하는 38년 동안(1232~1270) 강화 북산(北山) 아래에 궁궐이 세워졌고, 곳곳에 이궁(離宮)이나 가궐(假闕)이 세워졌다. 강화의 북산은 개경의 송악산을 따서 역시 송악산(松岳山)이라고 이름 하였다. 북산 아래에 터를 닦고 궁궐을 지어 각 성문을 모두 개경의 것을 따랐다. 그만큼 강도를 개경과 똑같이 생각하였음은 나라의 명맥을 분명히 살리고자 하였음에서일 것이다.

고종 46년(1259)에는 몽골과의 강화(講和)를 전제로 태자 전(倎, 원종)이 몽골에 가고 항쟁을 단념하는 뜻에서 강도의 성곽을 헐어버렸으나, 궁궐만은 원종(元宗) 11년(1270)에 개경에 환도할 때까지도 남아 있다가, 환도한 후로는 몽골군에 의하여 철폐되었다.

고려시대 강도는 궁궐이나 제반 관방(官房) 건물을 둘러싸고 있던 도성은 물론 지금의 강화성이다. 왕성인 강화성은 고종 19년(1232)에 짓기 시작하여 21년(1234)에 대부분 영조되었다. 24년(1237)에 외성(外城)을 쌓은 다음, 37년(1250)에는 내성(궁궐)을 감싸고 있는 중성(中城)을 축조하였다. 고려가 강도에 천도한 시기에 세워진 궁궐 건물이나 관방 건물들이 곳곳에 있었다. 화도면 흥왕리 마니산 남쪽에 이궁(離宮)을 지었다. 지금도 흥왕사터(興王寺址) 근처에 이궁 터가 남아 있다.

고종은 그 말년(1259)에 길상면 온수리 정족산(鼎足山) 삼랑성(三郞城)에 가궐(假闕)을 지었다. 그 터가 전등사(傳燈寺)에 남아 있다. 원종 원년(1259)에 선원면 지산리 금월리 사이에 신니동가궐(神泥洞假闕)을 세웠다. 그리고 강도 시대에는 불력을 빌어 나라를 지키고자 하는 염원에서 16년에 걸쳐 팔만대장경을 판각했으며, 마니산 참성단을 다시 지어 하늘과 단군에게 제사를 지내 민족의 힘을 하나로 합치는데 노력을 기울이기도 했다. 이러한 유적들이 여기저기에 남아있어 강도(江都)시대 강화도의 역사적 의미를 되새기게 해준다.

『고려사』에는 고종 18년(1231) 몽골의 내침 이후 그 이듬해(1232)에 강화도로 천도하고 몽골군과 대치했다고 밝히고 있다. 『고려사절요』

• 개성 만월대(오른쪽 사진)를 닮은 강화 고려궁지 정문 승평문(昇平門) 계단

에는 고려가 강화도 북산 아래 본궁인 연경궁을 비롯해 14개의 대소 궁궐을 지었다고 했다. 그 기간에도 고려 왕조는 강화도 곳곳에 가궐과 이궁을 지었다는 기록이 보인다. 그것은 강화도 곳곳에 지은 궁터에 잘 드러나 있다. 무신정권은 마니산과 정족산, 신니동에 임금의 임시 피난처인 이궁과 가궐을 지어 도량을 열 때 왕이 유숙하고 유사시에는 이곳으로 대피하려고 했다. 마니산 남록 흥왕사지 부근에는 지금도 이궁 터 석축이 남아 있고 절터에는 석탑의 부재가 나뒹굴고 있다. 정족산가궐 터와 신니동가궐 터는 조사를 기다리고 있다.

고종은 강화에 천도한 후 강도(江都)에 머무는 동안 몽골의 계속되는 출륙(出陸) 요청과 친조(親朝)를 강요받는다. 그러나 여러 가지 이유를 들어 출륙을 미루던가, 왕족이나 신하를 보낸다. 아니면 위언(僞言)

• 개경의 만월대 4좌 계단 뒤에 보이는 산이 송악산.(2000.9, 저자 촬영)

위장을 해서라도 끝내 출륙하는 일이 없었다.

또 원나라로부터 입조를 강요받을 때마다 태자 전(倎, 후의 원종)을 비롯하여 여러 왕자들을 대신 입조하게 했으며 결코 고종 그 자신은 친히 입조하는 일이 없었다. 고려 정부가 강화에 왕조를 세우고 40년 가까이 지탱할 수 있었던 것은 고종의 내치와 이 같은 외교 능력 때문에 가능했을 것이다. 고종은 무인정권과의 긴장과 강력한 세계제국인 몽골과의 삼각관계를 유지하며 나라를 지켜왔다. 당시 여진이나 몽골의 침입과 같은 국란위기 시기에 고종은 국란을 극복하고 나라를 보존하기 위해서 무인정권과 협력하는 길 밖에 없었다고 생각했을 것이다.

고종은 무신정권이 아니라면 몽골과 같은 거대 제국을 막을 수 없다고 판단했을 것이다. 따라서 좋으나 싫으나 무신정권과 협력할 수밖에 없었다. 중요한 것은 몽골과의 외교관계가 전적으로 고종의 능력에 의하여 이루어졌다는 점이다. 고종이 강화도에서 몽골을 상대해서 46년이란 장구한 재위기간 동안 항쟁하자 마침내 몽골도 고종과 고려를 인정하지 않을 수 없게 된다.

고려 고종은 무신들에 의해 휘둘렸다고 하지만 실은 몽골의 거대 제국을 상대해서 국권을 지키기 위해서 무신들과 협력하지 않으면 안된다는 현실을 너무도 잘 안 군왕이다. 고종은 특히 고려 34명의 왕 가운데 가장 오랜 기간인 46년 동안이나 재위한 최장수 왕이었다. 장장 46년이라는 긴 재위기간 동안 내치와 국방은 무신들에게 맡기고 몽골과의 외교를 전담하면서 고려의 국통을 면면히 이어왔다.

2) 개경으로의 환도(還都)

1260년 원종이 즉위한 해, 몽골의 쿠빌라이(원 세조)는 곧, 화호(和好)의 내용을 담은 조서를 고려에 보낸다. 원종은 이에 대한 답례로 영안공 희(僖)를 보내 쿠빌라이가 재위에 오른 것을 축하했다. 이보다 한 해 전에 고종은 태자 전(원종)이 입조하는 편에 6개 조항의 요구사항을 쿠빌라이에게 올렸는데 이를 모두 윤허하는 조서를 영안군이 귀국하는 편에 보내왔다.

조서의 첫째 조항은 "의관은 본국의 풍속에 좇아서 상하가 모두 고치지 아니해도 좋다(衣冠 從本國之俗 上下皆不改易)"는 고려의 요구를 허가하는, 당시 몽골로서는 엄청난 결정이었다. 의관 즉, 고려의 국왕을 비롯하여 신료 및 백성들의 복식 풍속을 그대로 유지하도록 한 것은 세계를 지배한 몽골제국에 합병되지 않고 고려가 독자적인 국가로 존재한다는 의미와 같은 것이다.

둘째 조항은 "사신은 오직 고려 조정에서만 보낼 것이요 그밖에는 모두 금절해서 다니지 못하게 하라(行人 惟朝廷所遣 禁止餘使 不通行)"라고 요구하여 나라의 체통을 유지하게 하였다. 셋째 조항은 "개경으로 천거하는 일이 늦고 빠름은 고려의 역량을 헤아려 할 것이다(古京之遷遲 速 要當力量)"라고 요구하여 이를 얻어냈다.

이와 같은 외교적 성공은 지난 30년 동안의 강도 항전의 성공으로 볼 수 있을 것이다. 그로부터 꼭 10년이 지난 원종 11년(1270) 5월에 개경으로 환도하게 된다. 이 해에 세자 심(諶, 후의 충열왕)을 몽골 황제의 공주(즉, 齊國大長公主)와 혼인할 수 있도록 요청하여 허락을 받아내 고려는 몽골의 부마국(駙馬國)이 된다. 이는 원종이 자청한 여몽(麗蒙) '혼인동맹(婚姻同盟)'인 것이다. 이로부터 여·몽 양국 관계는 '기미(羈縻)관계'가 되었지만 오랜 전쟁으로부터 벗어 날 수 있었다.

원종이 즉위 직후 고려와 몽골사이에는 강화가 성립된 셈이지만 실제적으로는, 6개 조항 중에서 3개 조항에 대해 고려가 민족의 고유성을 지키고 독자성과 자주성을 몽골로부터 받아낸 것으로 고려의 외교적인 승리다. 그것은 곧, 원종이 12세 때 몽골의 침입을 받은 1231년으로부터 1270년 개경으로 환도할 때까지 40년 동안의 긴 항몽시기를 왕자로 태자로 국왕으로 실제로 체험한 결과이다.

지금까지 대몽항쟁시기의 강화의 역사를 돌이켜보면서 고종 임금을 중심으로 군신 군민이 혼연일치로 몽골병을 물리치기 위해 진력한 혼적을 확인하였다. 〈오백나한도〉에서 임금을 비롯하여 모든 백성들이 외적과 대적한 영혼의 잔상(殘像)을 확인하고자 했다.

46년 재임 동안 거란이나 몽골과 대적하여 전쟁과 외교 방면에서 훌륭하게 대항하고 대처한 고종 임금과, 부왕의 뜻을 이어 몽골 적진에 들어가 고려 국통을 지키기 위해 '와신상담(臥薪嘗膽)'한 원종의 진면목을 찾아 낼 수 있었다.

고려 강도 시기의 대몽항쟁이 고려를 지킬 수 있었다. 역설적으로 고려를 능멸했던 몽골(元)은 1364년 명(明)나라에 의해 완전 멸망하게 된다. 그러나 고려의 국권은 1392년 같은 민족인 조선에 이어진다.

고려의 핵(核)은 강화도의 강도 시기이다. 고려의 왕통과 국권을 지킨 강도 시기 고려는 비록 몽골의 강요에 의해서라지만 『고려사』에 의하면 고려 정부가 개경으로 돌아가면서 강도의 모든 것을 파괴시켰다고 한다.

조선시대 호란(胡亂)이나 양요(洋擾)가 일어났을 때 강화 사람들은 군무나 노무에 동원되고 전쟁을 방어하기 위해서 성을 쌓고, 전쟁의 참화 속에서 섬 주민들은 나라를 지키기 위해 몸을 내던졌으며 온 섬은 전쟁에 초토화되고 그럴 때마다 나라는 번번이 이들을 방기(放棄)하였다. 이제는 국가가 보상해야 할 차례다.

2. 강도 시기의 역사적 인물

1) 고종(高宗)

고종은 고려 제23대왕으로 1192년 강종과 원덕태후의 맏아들로 출생했다. 1212년에 태자에 책봉된 이듬해(1213) 강종의 뒤를 이어 왕위에 올라 재위 46년째인 1259년에 강도에서 승하하였다. 고종은 고려 34대 왕 가운데 가장 오랜 기간인 46년(1213~1259) 동안 재위한 왕이다. 고종은 몽골이 침략하자 무신들과 함께 도읍을 강화도로 옮겨 오랫동안 몽골과 항쟁을 했던 임금으로 잘 알려져 있다. 고종은 당시 무인정권의 실권자인 최충헌에 의해 왕위에 오르기는 했지만 이후 계속 최씨 무인정권과의 긴장 속에서 강력한 세계제국인 몽골과의 삼각관계를 유지하며 나라를 지켜 왔다.

고종은 재위 18년 되던 해(1231) 몽골로부터 침략을 받자 이듬해 군사실권자인 최우(최충헌의 아들)와 집권자 및 행정 신료들을 거느리고 강화로 건너와 항쟁을 계속하였다. 그동안 국방은 군사실권자들에 의하여 이루어지고 있었지만 내정은 행정신료들이 맡아 실행해 오면서 당시 강도에 와 있던 불교 지도자들 그리고 이규보와 같은 행정가 겸 문인들로 하여금 대장도감을 설치(1236~1251)케 하여 불후의 팔만대장경을 각인하며 내정의 안녕과 국가 수호의 염원을 불심으로 빌었다. 그리고 앞서 1227년에는 감수국사 평장사 최보순, 수찬관 유승단 등에게 명하여 『명종실록』을 편찬하게 하였다.

강도 시기의 가장 중요한 역사적 사실은 몽골과의 외교관계가 전적으로 고종의 능력에 의하여 이루어졌다는 사실이다. 몽골의 계속되는 출륙 요청과 친조를 강요받았지만 고종은 여러가지 이유를 들어 출륙을 미루던가, 신하를 보내든가, 아니면 위장을 해서라도 끝내 출륙하는 일이 없었다. 또 원조 입조를 강요받을 때마다 태자 전(倎, 후의 원종)을 비롯하여 여러 왕자들을 대신 입조케하며, 결코 친히 입조하는 일이 없었다. 고려 정부가 지탱할 수 있었던 것은 고종의 이와 같은 내치와 외교 능력 때문에 가능했던 것이다. 당시 여진이나 몽골의 침입과 같은 국란위기 시기에 고종 임금은 국란을 극복하고 나라를 보존하기 위해서는 무인정권과 협력하는 길 밖에 없었다고 생각했을 것이다. 고종이 잔인무도한 몽골을 상대해서 국권을 지켰기 때문에 오늘날의 우리나라가 주권국가로 우뚝 서 있는 것이 아닐까하고 생각해 본다.

2) 최우(崔瑀)

본관은 우봉(牛峯), 뒤에 이(怡)로 개명했다. 아버지는 충헌(忠獻)이다. 여러 관직을 거쳐 추밀원부사로 있다가, 1219년(고종 6) 최충헌이 죽자 그 뒤를 이어 최고 집정자가 되었다. 그는 동생 향(珦) 등 반대파를 제거하여 지위를 굳히는 동시에 자신이 축적해 둔 금은보화를 왕에게 바치고, 아버지가 점탈한 공사전민(公私田民)을 주인에게 되돌려 주었으며, 부패한 관리를 내쫓고 대신 한미한 인재를 많이 등용했다.

『고려사』「고종세가」는 "최우가 왕을 협박하여 강화에 천도하였다"고 하여 이를 두고 사가들은 왕이 최우의 강압에 어쩔 수 없이 이끌려 천도한 것처럼 폄훼하는 경향이 있으나, 『고려사』「최이(우)열전」에는

"최우가 드디어 왕께 청하여 빨리 전(殿)에서 내려 강화에 행차케 하니 왕이 망설이고 결단치 못하였다"고 기술하고 있다. 200여 년을 지켜온 사직과 백성을 떠나 절해고도로 피난한다는 것이 왕으로서 쉽게 결정할 수 있는 일이 아니었을 것이다. 이에 대해 왕은 「최항열전」에서 항에게 조서를 내리길 "진양공 최이는 과인이 즉위한 이래로 정성을 다하여 사직을 호위하고 덕을 같이하여 다스림을 도왔다. 지난 신묘년(1231)에는 변장이 수비에 실패하여 몽골병이 함부로 쳐들어왔는데 신모로 홀로 결정하여 군의를 절단하고 몸소 승여를 받들어 땅을 가려 천도하여, 수년이 안 된 사이에 궁궐과 관해가 모두 다 지어지고 헌장이 다시 떨쳐 삼한을 재생시켰으며, 또한 역대로 전한 바 대장경판이 모두 적병의 불사른바 되었으나 국가에 변고가 많아 다시 새로 만들 여가가 없었는데, 도감을 따로 세워 사재를 기울여 새긴 판이 거의 반이나 되어 방가를 복리케 하였으니 그 공업을 잊기 어렵도다."라고 하였다.

혹자는 최우가 "정방에서 백관의 전주를 헤아려 비목에 써서 왕에게 올리면 왕은 하점할 뿐이다"고 요즘말로 '아바타' 역을 맡은 것처럼 피동적인 임금으로 알고 있으나, 『고려사』에는 대사에 임하게 되었을 때 최우가 "이는 신이 결정할 바가 아니오. 오직 상(上)께서 결정할 것입니다"고 하였다. 그뿐만 아니라 왕이 최우를 위시한 재추와 왕실을 초대하여 노고를 위로하는 향연을 베풀면 최우는 최우대로 임금님의 노고와 강녕을 위한 연회를 베풀고 있는 기사를 『고려사』에서 심심치 않게 볼 수 있다. 이와 같이 서로 경외하는 사이였으나 국사를 위해 진력을 다하고 서로 위로한 것을 보면 군신간의 관계를 계속 유지하고 있었음을 알 수 있다.

3) 최항(崔沆)

• 최항의 묘가 도굴된 것으로 추정되는 진강산 서록 원경

1970년대 초에 고려청자가 무신정권의 제 3대 수장인 최항의 묘지석과 함께 강화도의 고려무덤에서 도굴꾼에 의해 출토되어 시중에 나돌고 있다고 하는 뉴스가 사회를 떠들썩하게 했던 것이 기억난다. 최항의 묘지석은 청석제로 가로 146㎝ 세로 66㎝의 대단히 큰 장방형 지석으로, 한 면에 당초문대를 음각하여 두르고 행선을 마련하여 44행에 각행 27자씩을 해서체로 음각하였는데, 무른 곳은 삭아서 글씨가 잘 보이지 않는 곳도 있다. 최항의 지석에 의하면 최항은 고종 44(1257) 윤 4월 초이틀에 견자산 동쪽의 별채에서 작고하여 8월 26일에 진강현 서쪽 창지산 기슭에 장사지냈다고 전한다. 최항이 동쪽 별채에서 별세하였다고 하는 견자산(見子山)은 지금의 강화성 동쪽 견자산이다. 견자산이란 이름은 강도로 천도하면서 개경의 견자산을 따다 붙인 이름이다.

최항이 묻혔다고 하는 창지산(昌支山)은 진강산 서쪽의 어느 구릉의 북록일 것으로 짐작되는데, 이 부근 어느 지점에서 최항의 묘가 도굴됐을 것으로 보인다. 그의 묘소는 실전되고 도굴된 최항의 유물들은 곧바로 삼성의 이병철 회장에게 넘어가 그 중 '청자진사연화문주자'는 국보 제133호로 지정되었다.

최항은 많은 정적을 제거하고 향연을 자주 여는 등 악정을 일삼았다고 하지만 정권수반으로 서북면병마사를 겸하면서 몽골과의 전쟁에 대처하고, 팔만대장경을 완성하면서 고려왕조 유지에 노력하고 강력하게 국가를 수호하려고 애쓰기도 하였다.

몽골 측에서 강화도를 출륙할 것을 요구하자 최항은 1250년(고종 37) 승천부에 신궐을 짓고 응하는 듯했으나 국왕의 사신 접견을 강력히 반대했으며, 1252년(고종 39)에는 몽골의 사신 다가 등이 왕의

• 최항 묘 출토 청자진사연화문표형주자(높이: 32.7cm, 국보 제133호, 서울 리움 소장)

• 표형주자와 함께 출토된 최항의 묘지석 (155.0×64.0cm, 1257, 호암미술관 소장)

출륙 친영을 요구해 오자 신안공 전을 보내어 대신 맞게 하는 등 아버지(최우)의 정책을 계승하여 몽골에 대해 강경책을 썼다. 이에 대한 보복으로 몽골군이 고려의 전 국토를 유린하자 왕이 승천부의 신궐에 나가 몽골의 사신을 맞이함으로써 한때의 위기를 모면하기도 하였다.

최항의 묘지석에 의하면, "왕이 덕을 높이고 공로에 보답하고자 다시 명하여 책봉하고자 하였으나 굳게 사양하면서 받지 않으니 더욱 덕음을 내려 영원히 변치 않을 것을 맹세하면서 천하에 널리 알리고

글로 써서 석실(石室)에 보관하게 하였으니, 이는 공의 공명이다. 또한 부귀와 공명이 이미 반백의 나이가 되기도 전에 지극한 곳까지 이르렀으니, 사람들이 비록 장수하지 못한 것을 매우 슬퍼하였으나, 공의 입장에서 본다면 하나도 모자라는 것이 없었다. 성품이 본래 충직하고 효성스러우며, 일을 잘 처리하는 능력을 갖추고 임금을 받들어 한결같이 새롭게 교화하였고, 혹은 사사로이 비용을 내어 왕실의 비용에 충당하였다. 당시 바야흐로 해마다 어려워 굶주려 죽는 사람들이 길에 가득 찼는데, 집안의 곡식을 크게 내어 온 나라에 골고루 풀어 거의 죽게 된 이들을 진휼하고 구제하여 다시 살아난 사람들이 거의 1천 호, 1만 호나 되었다. 임금이 부음을 듣고 놀라고 슬퍼하여 조회를 사흘 동안 파하고, 이전의 조서를 이어 이에 진평군 개국공 식읍 3천 호 식실봉(食實封) 1천 호로 책봉하였다. 담당 관리에게 조칙을 내려서 장례일을 돕도록 하고 시호를 광정공이라고 추증하였으며, 거듭 명령하여 직접 조문을 지어 조의를 표하도록 하였다"고 하였다.

3. 삼별초와 그 최후

고려의 강도 시기에 삼별초(三別抄)가 대몽항쟁에 활약하기 시작한 것은 1235년(고종 22)에 경기도 지평(砥平, 오늘의 양평)에서 내침한 몽골병을 처음으로 물리친 야별초의 활동으로부터 시작한 것으로, 삼별초는 고려의 국권을 굳게 지킨 일등공신이었다. 1270년(원종 11) 원종이 개경으로 환도할 것을 결정하자 삼별초가 거세게 반발하므로 무마책을 썼다. 그러나 무마책은 통하지 않았고 원종은 마침내 장군 김지저(金之氐)에게 삼별초의 해산을 명령하였다. 이에 따라 김지저는 삼별초군을 파악하기 위해 명부를 압수했는데 이것이 바로 삼별초의 반감을 사게 된 직접적 원인이 되었다. 삼별초를 총지휘하던 배중손(裵仲孫)과 노영희(盧永禧)는 마침내 원종을 왕으로 인정하지 않고 승화후(承化侯) 온(溫)을 새로운 왕으로 옹립한 뒤 반란을 일으켰다. 삼별초는 구정(연병장)에 모여 정부의 조치에 반대할 것을 선포한 뒤 국가의 재물은 물론 일반인들의 재산까지 모두 배에 실은 뒤 가족과 백성들을 데리고 바다로 나아갔다.

삼별초는 1941년 전까지 역사 서술에서 작란, 역적, 적당 등으로 표현되고 있었다. 그러나 1941년 김상기 선생이 "임연·배중손 등의 배몽사상"이라는 표현을 쓰면서 삼별초는 고려인의 전통적 민족의식에 따른 대외항전 사건으로 인식되기 시작하였다. 그 내용에 항몽사상이 뿌리깊이 박혀있었다는 사실을 부인할 수 없다는 것이다. 그 이유는 삼별초가 강화천도 때부터 몽골과의 전투에 최전선에 서 있었으며, 개경 환도 이후에도 과감히 친몽을 거부했기 때문이다. 삼별초는 한마디로 고려인들의 강인한 자주정신을 보여준 것이라 할 수 있다.

• 강화 외포리 삼별초공원에 있는 삼별초군호국항모유허비

삼별초는 강인한 사상적·군사적인 굳건한 힘으로 근 40년 간 전시 수도였던 강도를 중심으로 고려의 국통을 지키는 계기가 되었다. 이는 역설적으로 세계사에서 유래가 없는 역사적 승리인 것이다.

역사기록은 삼별초의 존재를 1273년에서 지워버린다. 삼별초가 진도로 갔다가 1271년 여몽연합군에 쫓겨 제주로 이동했고 2년 뒤 제주도에서도 연합군에 전멸했다고 전하고 있다.

그러나 40년간 대제국 몽골과 맞서 싸우고 최후의 3년까지 저항했던 고려 최정예부대가 그렇듯 쉽사리 무너졌다고 생각하지 않는다. 그러던 중 1973년, 은사 고 최재석(崔在錫) 선생님의 권유로 처음 일본 오키나와를 방문해 고려와의 관계를 조사하기 시작했다. 그 후 수차례에 걸쳐 오키나와를 답사하며 새로운 사실을 발견했는데, 그곳에서 고려의 흔적을 찾을 수 있었다.

오키나와 우라소에성(浦添城)에서 '癸酉年高麗瓦匠造(계유년고려와장조)' 명문이 있는 기와가 많이 출토되었고 연화문수막새와 당초문암막새 수엽문(어골문이라고도 함) 평와, 격자문 평와가 나온 것이다. 기와에 적힌 계유년은 바로 삼별초가 붕괴되던 해인 1273년이기도 했다.

13세기 일본 오키나와는 이제 막 역사시대가 시작됐을 때였다.

• 일본 오키나와 출토 '癸酉年高麗瓦匠造' 銘(1273) 기와 탁본(저자 소장)

따라서 고도로 발달한 문화의 표상인 우수한 기와가 오키나와에서 만들어질 수 있었던 것은, 제주에서 패한 삼별초군 가운데 상당수가 일본 오키나와로 건너갔을 것이라고 하는 견해를 「고대 조선과 유구와의 문화교류」(『두산 김택규 박사 회갑기념 논총』,1989)에서 밝힌 바 있다.

삼별초의 생명력은 바로 외세에 항복하지 않는 강인한 항전정신과 그 속에서 움튼 찬란한 문화에서 비롯된 것이었다. 삼별초는 문화민족이라는 자부심으로 야만의 오랑캐에게는 절대 당할 수 없다는 민족적 자존심과 생명력으로 진도와 제주도를 거쳐 마침내 일본(琉球)에까지 닿았다.

우리는 삼별초정신을 반역이 아닌 민중항쟁으로 봐야 한다. 삼별초는 분명 몽골에 저항한 것으로, 고려 정부에 저항했다면 고려 왕족인 승화후 온을 왕으로 옹립하지 않았을 것이다. 우리는 고려 삼별초를 통해 외세가 쳐들어왔을 때 어떻게 싸워야 하는지를 역사적 교훈으로 받아들여야 할 것이다.

4. 강도 시기의 문화

1) 강도 시기의 왕궁과 별궁

(1) 고려궁지(高麗宮址)

고종 19년(1232) 6월 최우(崔禹)가 왕에게 권하여 천험한 요새인 이곳 강화로 도읍을 옮긴 뒤 이령군(二領軍)을 발동하고 각도의 민정을 징발하여 궁궐과 관청 건물을 세우기 시작, 고종 21년(1234)에 완성했다.

고려가 강화로 도읍을 옮기면서 이궁(離宮)을 비롯하여 궁궐과 관련된 건물들을 지었다. 고려궁 터는 강화읍 북산 남쪽 강화읍 관청리 743번지에 일부만이 남아 있다. 궁궐터는 1971년 사적 제133호로 지정되었다. 현재 3층으로 된 기단 위에 궁궐의 건물터가 있다. 고려가 도읍을 옮긴 뒤 몽골의 침략에 항거하던 39년 동안 강화에 궁궐이 세워졌는데 고려궁지를 비롯하여 여러 유적과 유물이 남아 있다.

고려궁지는 지금의 강화읍 관청리 북산(송악산) 중턱이다. 이곳에는 본궁인 연경궁을 비롯하여 14개의 작은 궁궐 건물들이 만들어졌었는데 원종 11년(1270) 5월 몽골과 강화가 성립되어 개경으로 환도한 뒤에는

● 사적 133호 고려궁지에 2003년 신축된 '외규장각'. 2009년 경사면을 발굴 중 고려 시기의 것으로 추정되는 3좌의 계단석이 드러났다.(오른쪽)

궁궐과 성의 대부분이 불타 없어졌다.

고려궁 자리는 조선시대의 유수부 건물이 들어서 있다. 조선시대에는 행궁이 있었고 1633년에는 강화성이 청나라 군에게 함락되는 치욕을 당하기도 했다. 그 뒤 이 궁터에는 강화 유수부의 건물들이 들어섰는데 이때의 동헌과 이방청이 지금도 남아 있다.

● 고려궁지 출토 고려청자 편(2009.9.)

그러나 조선시대의 장녕전(長寧殿)과 규장외각(奎章外閣)은 병인양요 때 프랑스 군에 의해 불타 없어졌다. 고려시대 흔적은 당시의 기와 쪽이 축대에 묻혀 있을 뿐 찾아볼 수가 없고 고려궁의 중심 궁궐이 있을 것으로 추정되는 대지 위에 최근 '규장외각'을 신축하였다.

고려 왕실은 몽골의 침입으로 강화로 수도를 옮겼다. 강화가 강도(江都)로 불리기 시작한 것은 이 때문이었다. 강화는 고려 고종 19년(1232)부터 환도한 원종 11년(1270)까지 39년 동안 고려의 도읍이었다. 따라서 강화에는 고려의 문화 유적과 유물이 많이 남아 있다. 그 가운데는 쓰라린 역사를 말해 주는 유적도 있고 고난 속에 피어난 자랑스러운 유물도 있다.

(2) 삼랑성 가궐지(假闕址)

『고려사』에는 "고종 46년(1259) 4월 강화도 정족산 전등사에 가궐을 지었다"고 기록하고 있다. 삼랑성 가궐은 1259년 중랑장 백승현이 "삼

• 정비전의 삼랑성 가궐지에 오르는 돌계단의 원래 모습

랑성과 신니동에 가 궐을 지으십시오. 그리고 참성단에서 제를 올리십시오. 그럼 주위의 대국들이 와서 조공을 할 것입니다."라고 고종에게 상소하여 가궐을 풍수에 따라 세운 것으로 정족산 전등사 경내에 그 터가 남아 있다.

삼랑성 가궐지는 2000년 저자가 지표조사를 실시할 때 이곳에서 고려시대 석축과 청자파편이 나왔다. 이곳에 고려시대 가궐을 지었다는 사실은 『고려사』에 나와 있다.

당시 이 가궐엔 왕이 없을 때에도 임금이 자는 금침을 깔고 왕이 입을 옷을 놓아두었다. 이 자리는 고려시대엔 가궐이, 조선시대엔 정족진지가 각각 자리했다. 시간이 흐르고 시대가 바뀌면서 고려시대 건물이 사라지고 그 자리에 새 건축물이 신축된 것이다.

정족산 삼랑성 가궐지를 지은 사람은 고종이었지만, 정작 이곳을 사용한 왕은 맏아들인 원종(1219~1274)이었다. 가궐을 완성한 두 달 뒤인 6월 고종이 승하했기 때문이다.

(3) 마니산 흥왕리(興王里) 이궁지(離宮址)

『고려사』에 의하면 고종 46년(1259)에 마니산 남쪽에 이궁을 세웠다고 하였다. 화도면 홍왕리 북쪽 언덕의 옛 홍왕사(興王寺) 터의 서남쪽에 그 터가 남아 있다. 조선 후기 「청구도(靑邱圖)」에는 마니산 아래에 '고행궁지(古行宮址)'라 표시돼 있다.

지금도 주춧돌과 돌들이 남아 있어 당시 모습의 편린을 보여 주고 있다. 선문대학교 고고연구소(소장 이형구)가 강화군의 의뢰를 받아 2000년 8월 ~12월 화도면 홍왕리 산 51~53번

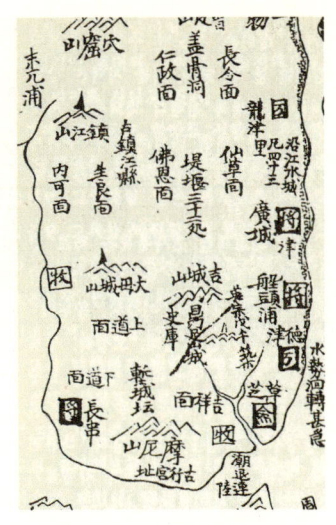

• 조선 후기 마니산 '古行宮址' 지도(「靑邱圖」)

지 1만여㎡을 조사하여 고려시대의 유구와 유물들을 발견하였다. 『고려사』에서 보이는 고려이궁지가 화도면 홍왕리에 존재하고 있음을 확인한 것이다. 그러나 최근 이궁지 부근에서 개발이 많이 되고 있다.

강화도 남단 해안가에서 마니산 남쪽에 폭 5m, 길이 80m 정도의

• 홍왕리 이궁지의 석축과 도랑

토축이 계속되고 토축 둑이 끝나는 지점에서 보이는 초석들은 이궁의 남문지로 추정된다. 서쪽으로 100m 정도 떨어진 곳에 'ㄴ'자형 축대가 남아 있다. 남문지에서 오른쪽으로

• 흥왕리 이궁지의 '어정(御井)'

깊숙히 들어가면 약 50m 떨어진 곳에서는 동서 20m, 남북 10m 정도의 석축과 주춧돌이 발견되었다. 그리고 건물에 쉽게 접근하지 못하도록 '해자(垓子)'처럼 물길(도랑)을 돌렸다. 건물지 주변에 8각 모양을 한 석축 우물에서 지금도 물이 솟아나고 있는데 아마 고려 시기의 임금이 마시던 옛 '어정(御井)'이었을지 모른다. 이궁지 일대에서 고려시대 기와 편과 청자 편들이 수습되었다.

이밖에 『고려사』에 보면 신니동(神泥洞) 가궐을 세운 것으로 알려져 있으나 그 위치는 확실하지 않고 일설에는 지금의 지산리와 금월리 사이 도문고개 남쪽으로 보고 있다.

2) 강도 시기의 성곽(城郭) 강화산성

(1) 내성(內城)

내성은 현재 사적 제132호로 지정되어 있는 '강화읍성'을 가리킨다. 내성은 고려왕궁과 강화읍을 둘러싸고 있는 평지성과 산성으로 축조된 복합성이다. 처음에는 평지와 산지를 흙으로 쌓았으며 그 규모가 대단히 커서 강화읍 북산에서 남산에까지 걸쳐 있었다.

지금 강화도에 남아 있는 고려시대 문화 유적으로 고려 성곽을 들지 않을 수 없다.

 내성은 고려가 개경에서 강화로 천도하자마자 궁궐을 짓고 나서 고종 19년(1232) 6월부터 고종 21년(1234) 정월 무렵에 쌓은 것으로 추정되고 있다. 성의 규모와 재료에 대해서는 16세기『신증동국여지승람』이 둘레는 3천874척이고, 흙으로 쌓았다고 전하고 있다. 천도 초기 기본적인 방어시설로 쌓았을 가능성을 보여주는 대목이다.

 고려는 이때 전국 각 도의 도민과 장정을 징발하였으며 강화산성을 송도(개경)의 성곽과 비슷하게 만들었다. 심지어 강화 북산을 개성의 송악산과 같은 이름으로 바꾸고 동쪽의 작은 산은 개경의 견자산을 따서 지었다. 강도 송악산 아래에 신궁을 지어 '연경궁(延慶宮)'이라 하였으며, 성문들도 모두 개경 성문의 이름을 따서 지었다. 이는 고려왕조가 강화로 천도한 이후 강화를 개경과 똑같이 생각했기 때문이었다. 고려왕조의 몽골과의 강화(講和) 이후 강도의 고려 궁궐과 도성은 개

• 강화성 동문 망한루(望漢樓). 문루는 병인양요 때 프랑스 군이 방화 소실된 것을 2003년에 복원하였다

경으로 환도한 후 몽골의 강압에 의해 모두 헐렸다.

　조선왕조는 처음에는 고려 시기의 도성을 그대로 사용했다. 내성은 조선조에 와서 석축으로 다시 쌓아 조선조의 행궁(行宮)과 강화유수부(江華留守府)로 사용하였다. 강화읍의 서쪽과 남북 산자락에 석성이 비교적 잘 남아 있는 반면 동쪽은 많이 없어졌다.

(2) 중성

　고려 고종 37년(1250)에 쌓은 토성이다. 동문 쪽 강화읍 옥림리에서 시작하여 성문고개, 북산, 용장고개, 연화동을 거쳐 남산을 돌아 선행리, 찬우물, 대문리고개로 산등을 따라 도문고개 현당산, 창리 뒷산에 이르는 성이다. 성문은 거의 송도 성문들의 이름을 따서 지었다. 조선

● 강화읍 옥림리 중성(붉은 선) 조감도(중원문화재연구원, 2009)

시대에 와서 내성을 축조하면서 성문고개로부터 남산까지 적당히 그 자리에 증축을 한 것 같다. 중성에는 문이 8개소 있었으나 지금은 거의 다 무너지고 문터만 남아 있는데 제대로 그 위치나 형태가 파악되지 않고 있다.

2009년 중원문화재연구원에 의하여 도로 터널공사를 위해 구제발굴된 중성은 서북쪽 강화읍 옥림리에서 지형에 따라 120m구간을 4개 구역으로 발굴 조사하였다. 이곳에서는 고려시대 강화중성 유적과 관련 건물지가 발견되었고 고려청자 편과 기와 편이 출토되었다.

『고려사』에는 중성의 둘레가 2천960칸(약 5.4㎞)이고 17개의 크고 작은 문이 있었다고 기록하고 있다. 중성은 강화읍 옥림리에서 북산을 돌아 강화내성을 원형으로 둘러싸고 있다. 개경(개성)의 '나성'처럼 강화도성의 외곽을 방어하는 성곽의 역할을 한 것이다.

고려 1250년 강화도읍기 도성으로 축조된 강화중성은 당시 최고의 토목 기술과 공력이 투입됐을 것으로 여겨진다. 이와 함께 2지점에서 확인된 고려시대 건물지는 상·하단으로 나뉘어 있었고, 건물지는 6개동이 확인됐다. 건물지는 내·외곽으로 담장석축으로 쌓아 경계를 구분한 뒤 장대석을 이용하여 기단을 조성하고 건물을 배치했음을 알 수 있다.

2007년에는 인하대 박물관에 의해 선원면 창리 중성 발굴을 통해 성벽의 구조가 파악되었다. 이들 유적을 함께 정비하여 고려시대 강도의 성곽의 배포를 복원하는 것이 매우 절실하다. 고려 항몽시기의 중요한 유적인 중성이 강화군 향토유적으로 분류돼 있다. 강화중성 유적은 국가사적으로 지정하여 보존해야 할 귀중한 항몽사적이다.

(3) 강화외성(江華外城)

강도 시기에 토성으로 축조되었으며 몽골로부터의 침입을 방어하기 위한 요새이다. 『고려사』에 의하면 고종 24년(1237)에 강화외성을 축조했다고 한다. 주로 강화의 해안선을 따라 쌓았다. 강화외성의 축조 년대는 각각 1233년, 1235년, 1237년으로 돼 있으나, 성보(城堡)조에 보이는 고종 20년(1233)에 외성을 쌓은 것으로 짐작된다. 그러나 고려 시기의 강화외성의 위치라던가 규모는 밝혀지지 않았다. 다만 조선조에 와서 조선의 기록에 고려외성에 대한 기록이 간간히 언급되고 있어 고려외성의 면모를 유추할 수 있을 뿐이다.

• 초지리 강화외성 외벽에 자전거도로를 개설할 때 파괴된 부분을 동양고고학연구소(소장 : 이형구)에 의해 수습 조사하는 모습(오른쪽 김도훈 조사원, 2001.4)

• 초지리 강화외성 외벽에 자전거도로가 개설된 모습(2006.11)

강화외성은 2003년 국가사적 제452호로 지정되었다. 저자가 1981년부터 강화도 역사유적을 조사하기 시작한 이래 23년 만의 일이다. 강화외성은 우리 역사상 대표적 대몽항쟁 전적지이다. 고려 강화정부(1232~1270)의

그럼에도 불구하고 한낱 섬의 제방이나 자동차도로로 사용돼 오면서 관심 밖에 있었던 게 사실이다.

2001년 4월 저자는 강화군 길상면 초지리 들판을 가로질러 난 제방 도로를 자전거도로로 만드는 공사현장에서 성곽으로 판단되는 석축 구조물을 발견했다. 이곳에서 벽돌로 쌓은 전축부분을 확인할 수 있었다. 이어 불은면 오두리 강화외성 구간의 강화전성을 발굴 조사했다. 그 결과 강화대교 북쪽 지역인 강화읍 용정리 강화외성과 선원면 지산리 강화외성 만월포언에서도 벽돌을 잇달아 확인했다. 강화도 동부 해안 북쪽 승천포에서부터 초지리까지 24㎞가 석축과 벽돌로 축조됐음이 확인됐다. 이를 토대로 강화외성은 국가 사적 제452호로 지정되었다.

• 1980년대의 강화외성의 모습(갑곶돈대에서 가리산돈대)

• 지금은 강화외성 성벽 위를 해안 순환도로로 사용하고 있다(갑곶–가리산 구간)

강화외성은 고려 강도 시기 역사연구와 대몽항쟁사 연구에 매우 중요하다. 고려시기 대몽항쟁으로부터 조

• 강화읍 용정리 강화외성(도로 변) 외벽에 강화위생처리장과 생활폐기물소각장이 들어섰다. 앞 산 정상이 제승돈대이다.

선조의 대청항쟁, 조선말기 대외항쟁 시에도 나라를 지켜왔던 성으로써, 강화외성은 세계적인 문화유산임에 틀림없다. 그러나 강화외성 위로 순환도로가 개설되고 초지리 부근의 외성의 외벽은 자전거도로로 덮였다. 그리고 영주돈대에서 제승돈대로 이어지는 강화읍 용정리 강화외성의 외벽에는 '강화위생처리장'과 '생활폐기물소각장'이 들어섰다.

(4) 승천포(昇天浦)

고려 임금을 맞이했던 승천포는 강화군 송해면 당산리 397, 399번지 일대이다. 이곳은 서남쪽의 봉천산에서 동북쪽으로 이어지는 낮은 구릉으로 이뤄져 있다. 또 강화도의 다른 지역과 마찬가지로 간척사업으로 메워진 논밭으로 돼 있는 곳이다. 최근, 강화 군민들이 승천포 부근에 고려 고종의 첫 행차지라고 추정되는 곳에 '고려고종사적비(高麗高宗事蹟碑)'를 세워 추숭하고 있다.

승천포는 지금은 흔적조차 찾아 볼 수 없지만 고려시대는 물론이고 조선시대에 이르기까지 매우 번성한 포구였다. 고려왕조의 수도와 조선시대 행궁이 가까운 곳에 있기 때문이다. 강화외성은 바로 이 승천포에서 시작하여 초지진까지 무려 25km의 긴 장성(長城)으로 연결된다.

승천포는 고려가 강화도로 도읍을 옮겼던 시기인 강도시기, 고려와 몽골의 외교협상이 이뤄진 대몽창구의 역할을 한 관문이기도 하였다. 몽골이 고려와의 교섭을 위해 몇 차례 고려를 찾았을 때는 모두 제포(지금의 승천포)를 통해 들어왔으며, 고려는 이곳에서 몽골사신을 만나고는 하였다.

지금 이곳은 고종사적비만 존재하고, 개경 쪽으로는 철책선으로 가로막혀 있다. 옛날 번성했던 모습은 더 이상 찾아볼 수 없다는 사실이 안타깝기만 하다.

• 송해면 당산리 '고려고종사적비'

3) 강도 시기의 능묘(陵墓)

강화는 39년 동안 고려의 도읍이었기 때문에 왕과 왕비를 비롯하여 귀족들의 무덤이 많이 영조되었다. 그러나 환도한 뒤 관리 소홀 등으로 많은 능이 역사의 뒤안길로 사라지고 말았다. 조선 현종 때 유수 조부양(趙復陽)이 답사한 결과 네 군데 능소만이 발견될 뿐이다. 이에 왕씨에게 참봉 벼슬을 내려 봄가을로 제향을 올리고 능들을 관리 보존케 했는데 그나마 갑오경장 이후에는 폐지되었다.

(1) 홍릉(洪陵)

• 고려 고종 홍릉 석인(石人)

고려 23대 왕인 고종(高宗)의 능이다. 고종은 1213~1259년까지 재위하다가 강화에서 세상을 떠났다. 홍릉은 1971년 사적 제224호로 지정되었다. 현재 강화읍 국화리 157의 2번지 '인천시 학생종합수련원 국화리 학생야영장' 뒤쪽에 있다.

본래는 강화읍 대산리 연화봉에 능소를 지었다가 뒤에 이곳으로 천장하였는데 규모면에서 초라한 점이 없지 않다. 이것은 원종이 개경으로 환도한 뒤 몽골과의 불편한 관계 등으로 제대로 조성하지 못한 탓이기도 하다. 고종은 강화도로 천도하여 몽골과 항전하는 한편, 부처의 힘으로 국난을 극복하고자 팔만대장경을 조판

• 고려 고종 홍릉

하는 등 국가 회복을 위해 고군분투하고, 한편으로는 고려 왕통을 끝까지 지켜 고려 왕조를 중흥시킨 계기를 마련한 임금으로, 홍릉은 원래 3단의 축대로 영조되었는데 맨 아래는 정자각(丁字閣)이 있고 제2단에는 석인(石人)과 상석(床石)이 있으며 맨 윗단에 왕릉이 배치된 형식이다. 왕릉의 봉분 아랫부분에는 호석을 두르고 그 주위에 난간을 둘렀다. 석수는 보이지 않고 문무인석만 좌우에 한 쌍씩 남아 있다. 문무인석은 매우 솜씨가 고졸하여 당시의 조각 수준을 잘 반영하고 있다. 그러나 원래 정자각의 흔적은 보이지 않는 등 고려 사직을 지킨 왕릉치고는 관리가 매우 소홀하다.

홍릉의 보호 사찰인 홍릉사(弘陵寺, 洪陵寺)가 있던 자리에는 재실이 세워져 있다. 재실 바로 앞과 주변에는 인천시학생종합수련원 야영장의 시설물이 어지럽게 널려 있어 고려왕조의 조역(兆域)이라고 볼 수 없다.

• 사적 제224호인 고려 고종 홍릉 경내의 재실(오른쪽) 주변에 각종 청소년체력단련시설이 널려 있다.

(2) 석릉(碩陵)

• 석릉 석인

고려 21대 희종(熙宗)의 능으로 현재 양도면 길정리 산 182번지에 있다. 석릉은 1992년 사적 제369호로 지정되었다. 희종(1181~1237)은 1204년부터 1211년까지 8년 동안 재위했는데 최충헌을 중용하였으나 횡포가 심하여 이를 막기 위하여 모의하다가 실패하여 강화 교동 자연도로 유배되었다가 그곳에서 고종 24년 (1237) 세상을 떠났다.

왕릉으로는 체제가 제대로 갖추어지지 않은 초라한 능이다. 직경 8m의 원형 봉분 주위에 ㄷ자형 곡담을 둘렀고 묘비 하나와 문무인석

• 석릉 발굴 완료 후 전경(2004)

2구가 있다. 고려후기 묘제를 따랐다.

　국립문화재연구소에 의하여 2001년 9월부터 12월까지 발굴 조사가 이루어졌으며, 일반적인 고려 왕릉과 마찬가지로 석릉은 주산의 남쪽 능선 상에 위치하고 있다. 석릉에는 동쪽(청룡), 서쪽(백호) 양 쪽으로 능선이 펼쳐지고 계곡이 흐르고 있고 서쪽의 주계곡은 능의 앞 쪽을 휘돌아가며 마치 능을 감싸는 듯한 느낌을 주고 있다.

　능역에 있어서 묘역 주체부를 포함하여 모두 5단으로 구성되어 있다. 1단에는 8각 호석을 두른 봉분과 석축 곡장으로 조성하였고, 봉분 발굴조사 당시 난간석으로 판단되는 원주석 2매가 확인되었다.

　담장과 봉분 사이의 공간에는 5㎝ 내외 두께의 부정형 판석을 사용하여 전면적으로 부석시설을 한 것도 알 수 있는데 시설은 지금까지 확인된 예가 없는 것으로 새로운 발견이라 할 수 있다. 석실은 3매의 판석으로 천장을 마련한 평천장이며 양 측벽 및 후벽은 비교적 정연하게 치석한 석재로서 7단 가량 축석하였다. 여기에 전면 문비(門扉, 문짝)부는 1장의 장방형 판석으로 마련하였고 석실 바닥에는 장방형의 관대석 테두리가 눈에 띄며 그 상면에 목관을 안치하였던 것을 알 수 있으며 2구의 석인이 발굴되었다.

　석릉 발굴조사는 고려시대 고분 연구에 대해 여러 측면에서 접근할 수 있는 중요한 기초자료가 된다. 특히 상감청자 잔대(盞臺) 등 우수한 강도 시기의 도자기 자료를 확보하였다는 것과 묘제의 구조적인 특징 그리고 매장자의 신분계층별로 묘제를 해명할 수 있는 매우 중요한 자료라 할 수 있다.

(3) 가릉(嘉陵)

고려 24대 원종(元宗)의 비 순경(順敬)태후의 능으로, 양도면 능내리 산 12의 2번지에 있다. 순경태후가 언제 세상을 떠나 이곳에 묻혔는지 자세히 알 길이 없다. 당초 능은 고려 후기 왕실 묘제를 따른 각종 석조물이 세워졌다고 하나 오랜 세월이 흐르는 동안 봉분은 무너지고 석조물은 파괴되어 그 원형이 거의 남아 있지 않다. 새로 단장하여 1992년 사적 제370호로 지정되었다.

2007년 국립문화재연구소의 발굴조사가 이루어져서 가릉의 최상단은 직경 760㎝, 높이 250㎝의 봉분이 조성되어 있었으며, 봉분의 북편을 제외한 동서남편에는 장대석으로 돌려 원래는 8각 봉분을 감싸고 있는 호석 형태로 조성되어 있었다. 봉분 서편의 능역 경계를 표시한 장대석축 외곽에는 동자주, 옥개석, 장대석 등의 석재가 놓여 있었고, 능미에서 북으로 14.8m 지점에는 배수로가 역 U자 형태로 설치되

• 가릉 석인(좌)과 석수(石獸)

• 가릉 발굴 완료 후 전경(2008)

어 있었다. 북편으로 약 70m 떨어진 지점에는 능내리 석실분이 위치하여 있다. 능의 앞에는 두 개의 문인상과 비석이 서 있고, 뒤쪽으로는 석수가 하늘을 향해 입을 벌리고 있다.

석실 바닥에서는 관못을 비롯하여 청자접시, 청자양각연당초문(靑瓷陽刻蓮唐草文)접시 편, 철제품 등이 출토되었고 동전 19종 86엽이 매납되었다. 가릉에서는 석실의 벽면과 천장에서 회칠한 흔적이 발견되었는데 혹시 벽화가 그려지지 않았을까 발굴단을 긴장시킨 바 있다.

(4) 곤릉(坤陵)

고려 22대 강종(康宗)의 비 원덕(元德)태후의 능으로 양도면 길정리 산 75번지에 있다. 사적 제371호. 『고려사』 권 88에 보면 고종의 생모인 강종비 원덕태후가 고종 26년(1239)에 돌아가시자 곤릉에 장사지냈다고 하였다. 따라서 『신증동국여지승람』에 고종비의 능이라고 한 것은 잘못된 것이다. 고려 후기 왕실 묘제를 따라 문인석과 무인석의 석조물이 있었다고 전한다.

곤릉은 1992년에 사적으로 지정되었다. 직경 5m의 원형 봉분 주위에 'ㄷ'자형 곡담이 둘러져 있고 보존 상태가 양호한 편이며 묘비 1기와 표석 1기가 있다.

2004년 국립문화재연구소가 석실의 입구부로 판단되는 석실 남면에 대한 조사를 한 결과 묘도부 입구에는 길이 220㎝, 너비 43㎝, 두께 26㎝의 문주석을 168㎝ 간격을 두고 세웠는데 문비석(門扉石)을 설치하기 위해 편평한 석재를 놓아 받침석으로 활용했던 사실을 알 수 있었다.

• 곤릉 발굴 완료 후 전경(전면은 건물지 바닥 전돌과 주춧돌, 2005)

석실 내부의 바닥 중앙부에는 길이 215㎝, 너비 85㎝의 규모로 관대를 설치하였으며 관대는 막대형 석재 2매를 평행하게 놓았다. 관대 주변에서 관못, 상감청자, 동전, 철기 등이 출토되었다. 동전 11종 21엽은 토지신으로부터 묘지를 매입하기 위한 화폐로, 곤릉에는 도교적인 장속이 가미된 것 같고 철기 중에는 '차관(車轄)'이 발견되었는데 고려시대 무덤(능)에서 처음 있는 일로, 앞으로 수레의 부속품인 차관의 사용 방법에 대한 논의가 있어야 할 중요한 발견이다. 석실 전면에서는 기와와 전돌이 깔린 건물지가 발굴되었으며 이는 원덕태후를 제사 지내기 위해 세워진 제실일 것으로 추정된다.

(5) 능내리(陵內里) 석실분

능내리 석실분은 진강산 주맥에 원종비 순경태후가 잠들어 있는 '가릉'의 동쪽으로 100여 m 인접한 완만한 경사면에 파괴분으로 노출되어 있었던 것을 1993년 인천광역시 기념물 제28호로 지정하여 보호하고 있었다. 이 석실분은 2006년 국립문화재연구소가 발굴하기 전까지만 해도 도굴된 채 잡초로 뒤덮여 있었다. 능내리 석실분의 주인은 아직 확인되지 않았으나 묘제나 규모로 미루어 보아 고려시대 왕릉으로 추정하고 있다. 이곳에서 여러 점의 은으로 만든 장식이 출토되었는데, 그 중에 봉황문으로 된 장식이 있는 것으로 보아 왕비의 것으로 추정된다.

능내리 석실분의 봉분의 테두리를 두르고 있는 것은 '난간석'이다. 뛰어난 건축미를 보여주는 난간석은 무덤 뒷부분 180도 정도만을 두

• 능내리 석실분의 석수

르고 있다. 무덤을 보호하는 얕은 언덕인 곡장이 화강암으로 되어 있는 것도 특이한 점이다. 3단의 석축으로 이뤄진 능내리 석실분에선 'ㄷ'자형 건물지도 눈에 띄며 동시에 두 개의 '석수(石獸)'는 무덤의 난간석 바깥을 향하고 있다. 하나의 석수 머리엔 반달형의 홈이 패여 있다. 이 석수는 해태로 추정되며 해태는 재앙을 물리치는 신수로 여겨져 궁궐에 주로 장식되던 동물이다. 다른 하나의 석수는 석구의 형태로 귀와 눈, 코, 입이 해학적으로 보인다.

능내리 석실분은 바로 아래 남서쪽 방향으로 있는 가릉에 비해 규모

• 능내리 석실분 외경(2007)

가 크며, 난간석이나 화강암곡장은 다른 능에서는 볼 수 없는 방식이다. 이런 점으로 미뤄 능내리 석실분은 왕실의 무덤일 가능성이 매우 크다.

고려 왕릉은 묘역과 봉분, 석실로 구분되며 봉분은 원형의 모양을 갖추고 있다. 봉분자락에는 12지상을 새긴 병풍석을 돌리고 그 주위에는 난간을 돌린 것이 일반적인 모습이다. 무덤 주위 사방으로는 문인과 무인을 상징하는 '석인'이나 사자, 양, 호랑이, 해태, 개와 같은 '석수'를 배치하기도 했다. 석수와 석인은 무덤을 지키는 수호신 역할을 담당한다.

강화에 있는 홍릉, 석릉, 곤릉, 가릉의 경우 12지상을 새긴 병풍석은 발견되지 않았다. 사학자들은 당시 고려정부가 개경에서 강화로 천도를 한 데다 몽골과의 전투상황이라는 정치, 사회, 경제적 혼란기였기 때문인 것으로 보며, 강화의 왕릉은 현재 북한에 있는 고려 왕릉에 비해 축조 수준과 방식이 단순화된 경향을 보인다.

석실의 평면은 대부분 방형이나 장방형으로 돼 있으며 지하나 반지하식으로 돼 있다. 석실의 벽돌은 거의 수직으로 쌓아 올렸으며 잘 다듬은 장대석이나 다듬지 않은 할석이 모두 사용됐다. 천장은 대부분 평평한 면으로 구성됐다. 석실 내부 동·서·북벽과 천장에는 얇은 회(灰) 칠한 흔적이 확인되었다. 석실의 전면에서는 건물지와 전(塼) 돌이 발견되었다.

가릉과 가까이 있는 능내리 석실분은 가릉보다 먼저 만들어진 것으로 보인다. 가릉의 경우 석실 안쪽의 벽석 축조 당시 일부 기와조각을 사용했는데, 이들 기와가 능내리 석실분의 건물지에서 사용된 기와와 똑같기 때문이다. 능내리 석실분의 경우, 고려 왕릉의 축조방법을 따랐고 석실의 규모도 가릉보다 크고 능선의 주맥에 해당되는 부분에 축조돼 있는 점으로 미뤄, 가릉의 주인공인 순경태후(1236년 매장)보다 이른 시기에 매장된 것으로 보인다.

『고려사』에 보면 강화 천도시기에는 원종비 순경태후보다 일찍 돌아간 다른 비빈은 없고 다만 강화로 천도하던 해인 고종 19년(1232) 6월 경술(1일)에 돌아가신 안혜태후(安惠太后)가 혹 관련이 있을 것으로 보인다. 안혜태후는 같은 달 신유(12일)에 장사 지내고 다음 달 7월 을유(16일)에 개경을 출발하여 다음날 병술(17일)에 강화에 입어(入御)하였다고 한다. 이 해에 태조의 재궁(梓宮)을 강화로 이장하였다고 하니 이때 원종의 생모인 안혜태후도 함께 이장되었을 것으로 추정되므로, 4년 후(1236)에 사망한 며느리인 순경태후는 시어머니인 안혜태후의 옆에 묻혔을 것으로 보면 능내리 석실분은 안혜태후의 능이 아닐까?

(6) 이규보(李奎報) 묘

고려 고종 때 대문장가로 집현전 대학자, 문하시랑 평장사를 지낸 이규보 선생(1168~1241년)은 본관이 황려(黃驪)이다. 자는 춘경(春卿), 초명은 인저(仁低), 호는 백운거사(白雲居士)·지헌(止軒)·삼혹호선생(三酷好先生)으로 당시 문란한 정치와 혼란한 사회를 보고 크게 각성하여 『동명왕편(東明王篇)』, 〈개원천보영사시(開元天寶詠史詩)〉 등을 지었다.

그 뒤 최충헌 정권에 시문으로 접근하여 문학적 재능을 인정받고 32세부터 벼슬길에 오르게 되었다.

이규보는 고려의 대몽항쟁시기에 고종을 보필하면서 대몽 외교문서를 전담 작성하였으며, 특히 세계제일의 인쇄문화재인 '팔만대장경'을 판각하는 대의명분을 천명한 〈대장각판군신기고문〉을 작성하였는데, 여기에 "원하옵건대 제불성현 삼십삼천은 부디 간곡하게 비는 우리들의 정성을 살펴주시어 신통한 힘을 내려 주십시오. 그래서 저 억세고 모진 오랑캐들을 멀리 쫓아

• 이규보 묘와 석양

• 이규보 묘의 석인

내 다시는 우리 국토를 밟는 일이 없게 하십시오."라고 폐부(肺腑)로부터 우러나는 기념비적인 문장을 전하고 있다.

이규보의 무덤은 길상면 길직리 상직골에 있다. 무덤은 별 특징이 없이 봉분 앞에 상석과 석등을 각각 하나씩 세우고 좌우에는 망주석(望柱石) 한 쌍이 배열되어 있다. 문무인 석상은 매우 고졸하여 당시의 유풍을 알 수 있는 귀한 인물 조각이다. 그리고 양의 석상도 매우 사실적으로 표현되었다. 역시 고려 시기의 단순한 일반 조각이다.

봉분의 둘레는 16m, 높이는 1.8m이다. 넓은 조역(兆域)과 재실을 잘 갖추었다. 이규보의 저서로는 『동국이상국집』, 『동명왕편』, 『백운소설』 등이 있다. 특히 『동명왕편』은 일대 서사시로 북방 민족에 시달리는 우리 민족의 기상을 고취하고자 했다. 그의 작품들은 고대사를 재구성하는 데 없어서는 안 될 귀중한 문헌이기도 하다.

4) 강도 시기의 불교 유적
(1) 선원사(禪源寺)와 팔만대장경

고려의 전시대를 통해 불교는 국교로 신앙되었고 국가는 물론 백성들의 정신적 지주였다. 따라서 39년 동안 고려의 도읍이었던 강화에는 불교와 관련된 유적과 유물이 적지 않았을 것이다. 그러나 이와 관련된 유적과 유물은 오랜 세월을 지나면서 원형을 잃거나 파괴, 유실되어 지금은 얼마 남아 있지 않다.

선원사 터는 선원면 지산리 산 692번지의 1번지 일대에 있다. 강도

● 선원사지 발굴 정비 후 전경(2010)

시대의 실력자 최우의 원찰로 한때 그 규모를 자랑했던 거찰이었다고 한다. 선원면 선행리 선원면사무소가 위치하고 있는 마을에서 더러미돈대 쪽으로 가다 보면 왼쪽에 넓은 대지가 보이는데 이곳이 바로 선원사 터로 추정하고 있는 지역이다. 선원사지는 1977년에 사적 제259호로 지정되었다.

강화도로 도읍을 옮긴 최우는 대몽항쟁을 위한 국민 총화의 일환으로 선원사를 세우게 된다. 강화가 도읍으로서의 품격을 갖추기 위해서는 궁궐을 비롯한 여러 건물들이 필요했겠지만 고려의 정신적 지주였던 불교와 관련한 사찰의 건립도 그의 못지않게 중요했을 것이다.

• 선원사 금당지

선원사는 당시 송광사와 함께 2대 사찰로 손꼽힐 정도로 중요한 사찰이었고 그에 걸맞게 신망이 두터운 고승들이 이 절의 행정을 맡았다. 사찰에는 금붙이로 만든 불상 500기가 모셔져 있었고 1246년에 고종이 선원사에 행차한 기록이 남아 있을 정도로 대단한 사찰이었다. 그러나 환도 후 점차 소외되어 절이 무너지고 마침내는 그 위치조차도 분명하지 않게 되었다.

• 선원사지 출토 고려청자 편(선원사 소장)

선원사는 고려 고종 때 16년 동안 팔만대장경을 조판했던 절이라고 하는데 현재는 터만이 남아 있다. 이 절터를 발굴한 결과 건물지가 확인되었고 고려청자를 비롯하여 벽돌, 기와, 치미 등 고려 때의 유물이 많이 나왔다.

(2) 봉은사지(奉恩寺址)와 석탑

이 석탑은 하점면 장정리 산 193번지에 있는 고려시대 탑으로 보물 제10호이다. 강화에서 비교적 완형으로 남아있는 유일한 석탑이다. 이 석탑은 구릉의 대지 위에 세워졌는데 원래 이 탑이 자리하고 있던 봉은사 절터는 그 아래 밭이 아닌가 추측된다.

• 장정리 봉은사지 전경

• 장정리 봉은사지 석탑

봉은사는 고종 21년(1234)에 왕이 연등행사를 할만큼 대단한 절이었다. 이 탑은 발견 당시 넘어져 있었으나 1960년에 다시 세웠다. 현재 2층 기단과 3층만 남아 있고 상륜부들이 없는 상태이다. 남아 있는 부분들로 보아 전체 높이는

3.5m 정도의 3층탑이었을 것으로 보인다.

전체적으로 보아 석재의 질이 약하고 조각 수법도 우수하지는 않다. 탑의 모든 부분이 지나치게 간소한 수법으로 만들어져 있기 때문에 균형이 잡히지 않고 둔중한 감을 준다. 전반적인 축조 방법으로 보아 만들어진 연대는 고려 말로 생각된다.

(3) 석조여래입상

하점면 장정리 봉천산 아래에 있다. 보물 제615호이다. 불상의 높이는 2.82m의 두꺼운 화강암에 낮은 부조로 석가여래를 조각한 것이다. 머리는 소발(素髮)이며 둥근 육계(肉髻)에 얼굴은 비교적 큰 편이다. 눈은 크게 뜨고 입술은 두터우며 귀는 매우 길다. 목에는 삼도(三道)가 뚜렷하고 법의는 통견으로 발까지 덮고 있다. 오른손은 여원인(與願印)을, 왼손은 시무외인(施無畏印)을 하고 있다. 광배는 화염문으로 조각되었고 두광과 신광을 함께

• 장정리 석조여래입상 보호각

• 장정리 석조여래입상 부분

갖추고 있다. 고려시대 불상으로써는 비교적 아름다운 조각으로 지금은 전각에 잘 보존되어 있다.

(4) 혈구사지(穴口寺址)

혈구사지는 혈구산 상봉 동쪽 골짜기 7부 능선쯤에 위치한다. 절터의 전면 축대는 마니산 흥왕사지 석축처럼 지반 위에 큰 바위의 한 면을 다듬어서 쌓고, 위로 올라가면서 다시 한 면을 다듬은 할석으로 쌓아 올라갔다. 그 높이가 3~4m이며 길이는 약 25m가량 된다. 본당이 있었을 것으로 추정되는 자리는 축대에서 2m 정도 안쪽으로 한 면을 다듬은 할석으로 2, 3단 정도의 축대를 쌓았는데 전면 쪽에 드문드문 초석으로 보이는 납작한 큰 돌이 보인다. 과거 조사에서 법당 터는 660여m²(200여 평) 정도에 조성됐던 것 같이 보였다. 사역 경내 대웅전지의 전면부에서는 석탑이나 석등이 있었을법한 웅덩이 부근에서 석재 부재가 확인되기도 하였다. 또한 혈구사 터에서는 지금도 기와 편들이 발견되고 있다.

『고려사』에 따르면 혈구사는 고려 고종 46년(1259)에 지어진 사찰이다. 고종은 정족산 가궐을 지을 때 혈구사를 함께 지었다. 그 후 고종의 아들인 원종이 왕위를 계승한 지 5년(1264)째인 6월 한 여름날 이 절에 행차하여 대우주를 밝게 비추어 주는 대일여래를 모시고 기도하는 '대일왕도량'을 열었다. 이곳은 또한 삼랑성 전등사 가궐이나 마니산 흥왕사 이궁 같이 도량이면서 왕이 머무는 이궁의 역할을 하기도 하였을 것이다. 그만큼 혈구사는 고려가 강화로 천도했던 시기에 세워졌던 중요한 국찰이었다.

원래의 혈구사 터는 지금의 선원면 선행리 시리미 마을 혈구산 동쪽 기슭에 위치했으며 여러 속암들을 거느리고 있었을 것이다.

혈구산 중턱이든 아랫니든 정확한 위치와 사세의 흔적, 규모를 확인하기도 전에 산 아래 쪽에서는 벌써 무슨 종교시설이나 전원주택들이 들어섰다. 혈구사 뿐만 아니라 혈구산 일대에 대한 지표조사만이라도 이루어져 더 이상 망실되지 않도록 해야 할 것이다.

(5) 마니산 흥왕사지(興王寺址)

흥왕사지는 마니산 이궁지에서 멀지않은 북동쪽 방향 화도면 흥왕1리 53번지에 위치했다. 이궁지 뒤쪽 계곡을 따라 20여 분 걸어 올랐을 때 돌무더기가 드러나기 시작했다. 흥왕사지에는 장대한 석축과 전형적인 고려 석탑 부재 등 고려시대 유적과 유물이 흩어져 있었다. 수

• 마니산 남록 흥왕사지 석축

• 흥왕사지 석탑 옥계석 잔재(殘材)

십 미터 길이로 층층이 석축을 쌓아 올리고, 절터에는 '덤벙 주춧돌'이라 부르는 돌들이 간간이 보인다. 돌 틈 사이로 '고려청자' 파편들이 드러나 보인다. '어골무늬기와' 파편도 눈에 띈다. 아직도 절터가 정식 조사되지 못해 아쉽다. 주변이 많이 개발되고 있어 더욱 안타깝다.

1999년 처음으로 홍왕리 사지를 찾아 갔을 때 본 놀라운 광경은 땅에 반쯤 박혀진 '탑신' 부재였다. 네 층급으로 된 옥계석(屋蓋石)과 탑을 지탱하는 철봉을 박은 흔적이 역력한 보주받침에서 고려의 예술혼이 흘러나온다.

부처님 사리를 모신 탑은 염원을 담은 건축물이기도 하다. 거대제국 몽골에 맞서 39년간 버틸 수 있었던 힘이었던 '고려의 보물'들은 그렇게 숨죽이고 있었다.

흥왕사는 원래 고려 문종(1047~1082)이 12년간에 걸쳐 개경에 2,800칸이나 달하는 사우(寺宇)를 창건한 문종의 원찰이다. 원래 개경 근처 덕수현(德水縣, 오늘날 개풍군 봉동면) 진봉산(進鳳山) 아래에 세워졌던 것을 몽골이 내침 후 수도를 강화도로 옮기면서 흥왕사도 함께 옮겨왔다.

5) 강도 시기의 유물

(1) 팔만대장경

고려 고종은 몽골의 침략을 피해 강화로 도읍을 옮기고 나서 4년 뒤인 고종 24년(1236)에 강화에 대장도감(大藏都監)을 설치하고 대장경 간행 사업에 착수했다. 불력(佛力)으로 국난을 극복하려는 불심에서 시작된 이 사업은 그 뒤 16년이란 긴 세월을 거쳐 고종 38년(1251)에 완성되었다.

서지학자 천혜봉 교수에 의하면 강화도의 대장도감이 1237~1242년까지 6년간 조판한 강화경판의 총수 4만 5675판과 1243~1248년까지 경남 남해(南海)의 분사대장도감이 6년간 조판한 10만 8621판을 더한 전체의 조판 수 15만 4296판이라고 한다. 이를 대비하여 보면, 강화도에서 조판한 강화경판은 총수의 약 1/3에 해당한다고 한다.

고려대장경을 판각한 장소가 어디인지는 아직도 정확하게 밝혀지지 않고 있다. 대장경을 판각하는 사업과 관련하여 선원사가 대장경을 새기고 그것을 보관하던 간경도감이 있던 자리가 아니었나 추정하고 있다.

• 팔만대장경을 각자하는 각자장의 실물대 모형(강화역사박물관)

『조선왕조실록』에서 태조 7년(1398)에 대장경을 선원사에서 서울로 옮겨 왔다고 한 것으로 보아, 당시 강화에서는 가장 큰 사찰이자 실권자 최우의 원찰이었던 선원사에서 대장경을 보관하였을 것으로 보인다.

(2) 고려의 금속활자

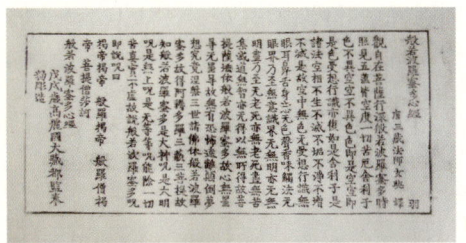
• 팔만대장경 중 반야바라밀다심경 인출본(저자 소장)

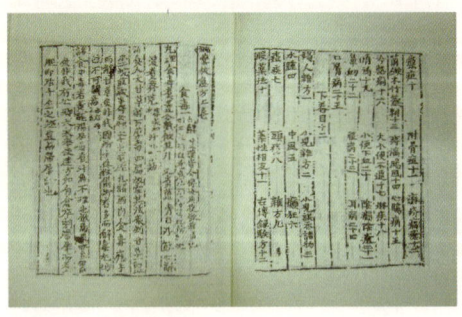
• 고려 최고의 의약서 향약구급방(『한국의약대계』, 2009)

지난 언론은 세계에서 가장 오래된 금속활자인 '직지심경'보다 무려 138년 이상 앞서는 금속활자가 발견되었다고 대서특필하였다. 강화도에서 발굴된 고려의 금속활자는 서울의 한 고미술상이 일본에서 구입한 100여 과의 금속활자 중에서 경북대 남권희 교수가 확인한 12과의 활자로, 고려의 '남명천화상송증도가'의 서체(이른바 증도가자)와 같다고 주장하였다. '남명천화상송증도가'는 강화 시기 무신이였던 최우가 고종 26년(1239)에 쓴 발문에 금속활자로 찍은 '남명천화상송증도가'가 너무 오래돼 "금속활자본을 목판본으로 중간했다(募工重彫鑄字)"고 한 활자이다.

고려 항몽시기 강화도에서 금속활자로 도서를 간행했다고 하는 사실은 일찍이 잘 알려져 있다. 이규보 선생이 진양공 최이를 대신(代晉陽公行)해서 쓴 '신서상정예문발미(新序詳定禮文跋尾)'에 보면 인종 때(1122~1146) 최윤의 등에 의하여 『상정예문』 50부를 간행한 것이 희소하여 강화 시기에 28부를 "다시 금속활자로 인출(遂用鑄字印成)"하여 여러 곳에 나누어 두도록 하였다는 기록이 있기 때문이다. 『상정예문』이 간행된 시기는 최이가 진양공으로 봉해진 1234년과 이규보의 문집인 『동국이상국집』이 간행된 1241년 사이가 된다.

여기서 주목해야 할 사실은, 가장 이른 시기의 금속활자가 고려가 강화로 도읍을 옮겨 몽골과 항쟁하던 시기(1232~1270)에 제작됐다는 사실이다.

고려 강화시기 금속활자 말고 또 하나 특기할 만한 사실은 바로 최초의 '한의약서'의 발행인데, 이규보 선생의 『신편어의촬요방서』에 보면, 한의약서는 고종 13년(1226)에 최종준이 편찬한 『어의촬요(御醫撮要)』가 전하나 그 내용은 알지 못하고 있다. 우리나라에서 가장 오래된 의약서는 강도 시기에 간행된 『향약구급방(鄕藥救急方)』이다. 현재 일본 국내청 도서료에 소장된 이 책은 조선 태종 17년(1417)에 경상도 의흥에서 중간된 목판본의 발문에 보면 고종 때 팔만대장경을 각성한 대장도감(1234~1251)에서 간행했다고 했다. 이 『한약구급방』은 몽골의 침입으로 전란을 겪으면서 일어나는 여러 가지 질병을 치료하기 위해 간행한 의약서로, 당시 강화인들은 물론 전 고려인들의 건강진료와 국민보건에 지대한 공헌을 했다. 그 후 간행된 『향약제생집성방』(1398)과 『향약집성방』(1432)에 영향을 주었다.

(3) 강화의 고려청자

강화도에서 고려청자가 많이 나오는 것은 일찍부터 잘 알려진 사실이다. 고려궁지, 고려 가궐지, 고려 이궁지, 선원시지, 고려고분 그리고 강화향교 부근 등 곳곳에서 고려청자가 출토되고 있다. 강화에선 2001년에 고려 21대왕 희종(?~1237)의 왕릉인 석릉을 비롯하여 2004년에는 고려 24대왕 원종의 비인 순경태후(?~1236)의 가릉이 발굴되었다. 그리고 같은 해 고려 22대왕 강종의 비인 원덕태후(?~1239)의 곤릉이 발굴되었고, 이어 가릉 옆 능내리에서 왕릉급의 고분을 발굴했다. 이들 왕릉에서는 한결같이 고려청자가 출토되었는데, 모두 왕실 도자기의 품격을 갖춘 최상급 청자들이다.

석릉에서 출토된 청자는 대접, 접시, 잔 받침과 뚜껑, 항아리, 병 등의 잔편들이었는데, 주로 음각과 양각을 세련된 수법으로 장식하였고 상감기법도 보인다. 고려청자 전성기의 비색(翡色)청자의 특징을 띠는 최고급 청자로, 13세기 전반기 고려청자의 전통을 잘 갖추고 있다.

가릉이나 곤릉의 왕릉들에서 출토된 청자들도 청자 제번조 전성기의 비색을 유지하고 있는 최상급의 청자이다. 또 능내리 고분에서 출토된 원통형 청자향로는 이들 왕릉에서 보이는 비색청자의 여운이 감도는 표면에 용무늬를 압축 양각한 것으로 보아, 무덤의 주인공이 왕이나 왕비일 것으로 추정된다. 저자는 이 때문에 앞에서 능내리 고분의

● 석릉 출토 퇴화문 통형잔 (잔 높이: 9.8cm, 사진: 국립문화재연구소)

주인공을 고종의 왕비이고 원종의 모후인 안혜태후(?~1232)일 것으로 추정한 바 있다.

고려청자 가운데에서도 가장 훌륭한 작품으로 꼽히는 국보 133호 '청자진사연화문표형주자(青瓷辰沙蓮花紋瓢形注子)'는 바로 강화도의 최항(崔沆) 묘에서 도굴된 것이다. 일제강점기 이래 강화도 일대의 진강산 산속에서 무덤을 파는 도굴꾼들이 고려시대의 고분을 파서 고려청자와 여러 가지 유물들을 몰래 훔쳐내었다. (본문 p.101 참조)

'청자철채퇴화점문나한좌상(青瓷鐵彩堆花點文羅漢坐像)'도 1950년대에 강화읍 국화리에서 도굴된 것이라고 한다. 출토 당시에는 여섯 조각으로 부서져 있었던 것을 복원하였다. 바위모양의 대좌 위에 결가부좌하고 팔은 경산 위에 올려놓고 앉은 나한(羅漢)의 인상은 사색하듯 숙연히 앞을 응시하고 있는 모습으로, 마치 국립중앙박물관 고려불화전에서 보았던 강도 시기에 그린 '오백나한도'의 나한상처럼 강화에서 몽골에 항쟁하던 고승의 고뇌하는 모습과도 같다.(본문 p.144 참조) 이 역시 강도 시기의 걸작으로 1972년 국보 제173호로 지정되었다.

• 강화읍 국화리 출토 청자나한상(높이: 22.3cm, 국보 제173호, 서울 개인 소장)

고려청자 중에 기사(己巳, 1269년)명이나 경오(庚午, 1270년)명이 상감된 매우 훌륭한 고급 상감청자 대접이나 접시가 번조(燔造)된 것이 종 종 보이는 것을 보면, 원종 11년(1270)까지도 고려청자 전성기의 상감청 자가 번조되었을 것으로 보인다. 이는 대몽항쟁시기(1231~1270)에도 우 수한 청자가 계속 만들어졌다는 것을 말해주는 것이다. 이 시기 몽골 이 7차례나 무자비한 국토 유린을 자행했지만 침략 지역은 주로 충청· 경상 지역이었다. 따라서 전란의 피해가 적은 전라 지역의 부안이나 강 진에서 13세기 중엽까지도 계속 순청자나 상감청자, 진사청자의 전통 이 계승되며 청자를 번조하여 서해안 해로를 통하여 강도(江都)에 공 급한 것으로 보인다.

(4) 강화의 공예

강화도에서는 고려궁지를 비롯해 석릉, 가릉, 곤릉 등 고려 왕릉과 양도면 능내리 석실고분, 하점면 창후리 고분 등에서 고려시기의 공예 품이 많이 발견되었다. 고려기와, 고려청자, 금은동제, 금속공예, 옥기 공예, 유리공예 등이 그런 것들이다.

강화도에서 발견된 고려 공예품들은 팔만대장경이나 금속활자와 고 려청자와 마찬가지로 고려 민족의 정통성과 예술성을 잘 계승 발전시키 고 있었다. 특히 하점면 창후리 고분군의 토광묘(목관)에서는 고려 시기 에 사용된 숭령통보(崇寧通寶)와 함께 목관에 쓰이는 관정, 청동제 거울 인 방격접문원형경(方格蝶紋圓形鏡)이 출토되어 학계를 주목시켰다. 관정 과 고급 동경이 함께 부장된 것으로 미뤄 이 무덤은 고려 강도 시기의 귀족묘로 추정된다.

• 하점면 창후리 고려고분 출토 고려동경(뒷면)과 도면(인천시립박물관)

고려의 동경은 '고려경(高麗鏡)'으로 지칭될 정도로 많은 종류와 양이 알려져 있다. 청동제 거울은 우리나라에서는 청동기시대부터 고조선시기의 수장이나 귀족들이 사용해 오던 생활용구이면서 일종의 예기(禮器)이다. 삼국시대에는 중국의 한경(漢鏡)의 영향을 받기도 했지만 청동기시대의 전통적인 합금 주조기술을 이어오고 있다. 이같은 전통은 삼국시대로 이어졌고 전통적 바탕 위에 당송경(唐宋鏡)의 유형이나 문양을 받아들여 고려 특유의 '고려경'을 제작하게 된 것이다. 우리는 하점면 창후리 고분에서 발견된 동경을 통해 대몽항쟁시기에도 우수한 고려경을 제작했다는 사실을 알 수 있다.

국립문화재연구소가 발굴한 양도면 능내리 석실고분은 고려 고종의 왕비인 안혜태후의 능으로 추정되는 왕릉급 무덤이다. 이 능에서는 여러 종류의 공예품과 함께 은제봉황문도금장식이 출토되었는데, 이 장식을 보존처리하는 과정에서 얇은 은판에 압출(押出)기법으로 봉황의 얼굴을 정밀하게 묘사한 봉황무늬가 드러났다. 봉황은 왕을 상징하는 용과 함께 상상의 상서(祥瑞) 동물이다. 용은 왕을, 봉황은 왕비를 각각 상징하는 것이다. 은판에 봉황무늬를 압출한 후 금을 입힌 도금장식은 뛰어난 금속공예기법이 아닐 수 없다. 더구나 몽골과 치열하게 항쟁하던 전시에 이런 예술품을 만들었으니 정말 놀라지 않을 수 없다.

• 능내리 석실고분 은제봉황문 도금장식(사진: 국립문화재연구소)

고려시대의 금속공예는 범종·향로·반자·정병·금강령·금강저·금동탑·경통 등 금동제 불구류(佛具類)가 유명하며 이들 가운데에는 대몽항쟁시기의 기년명 불구류가 있는데, 탑산사 동종(1233) 등 여러 동종은 모두 통일신라와 고려 전기의 전통을 잘 계승하고 있다.

고려의 공예는 현대 기술로도 따라갈 수 없을 만큼 눈부시게 정교한 것이 특징이라 하겠으며 동시에 강도 시기에 피어난 화려하고 정교한 고려의 공예를 인천시민은 물론, 전 국민과 세계에 알리고 우리 모두 이를 계승하고 발전시키는데 노력해야 할 것이다.

특별히 강화 고려왕릉에서 보는 고려의 강도 시기의 석조(石造) 조각의 소박성과 우수성을 들지 않을 수 없다.

(5) 강화의 불화

고려 대몽항쟁 시기에 빼놓을 수 없는 고려불화 중에 '오백나한도(五百羅漢圖)'가 있다.

2010년 국립중앙박물관 고려불화대전에 출품되었던 오백나한 제464세 공양존자상(供養尊者像)은 고려 강도 시기 고종 22~23년에 비단담채로 제작된 불화로, 나한이 돈형(墩形) 등나무의자에 앉아 정병(淨瓶)에서 나온 용에게 보주를 주려고 하는 동작을 그렸다. 나한이

희룡(戱龍)하는 모습이 마치 몽골제국에 대항하는 고려인의 모습 같다. 화면 아래 「화기(畵記)」에는 '國土' '聖壽' '令壽' 등 시주 발원인이 국토가 태평하고 국왕께서 성수를 누리시고 인간세상도 두루 평안 장수하길 서원하는 축서를 썼다.

오백나한도의 「화기」에는 특히 '린병(隣兵 즉, 蒙古兵)을 빨리 멸하게 하시고', '국가가 평안하게 하시고', '임금님께서 만수무강토록 하여 주시길' 기원하는 등 국가와 국왕을 위한 축문을 쓴 사례가 적지 않다.

고려불화의 나한도에서 보는 것처럼 자연이나 일상적 분위기에 그려진 나한의 면면은 고뇌하는 모습이다. 그 처절한 모습이 마치 잔인무도한 몽골병을 물리치기 위해 몸부림치는 강도 시기 고려의 군신, 군민의 모습 그대로인 것 같다. 국왕이 몽골병을 물리치기 위해 나한재(羅漢齋)를 개설할 정도로 나한신앙으로 뭉친 고려인들의 항몽정신을 알 수 있다.

고려불화들이 국외에 많이 흘러나가 국내에는 희소하지만 세계적인 평가를 받고 있다. 오백나한도는 국내에 10여 점이 알려져 있을 뿐이다. 여기 소개하는 오백나한도 역시 미국 클리블랜드 미술관에 소장된 걸작이다.

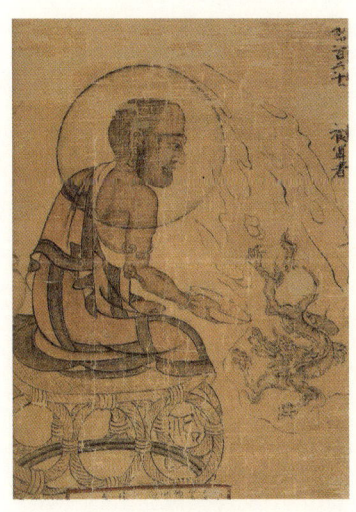

• 오백나한 제464세공양존자상(미국 클리블랜드 미술관 소장).

조선조에 와서 임진·병자 양란을 겪은 조정에서 본래 고려시대 항몽 요새였던 강화를
다시 난세의 피난처로 활용하기 위하여 강화성을 수축하였다.
이러한 돈대의 수축 및 강화외성의 보수를 통해서도 볼 수 있듯이
강화는 국방상 상당히 중요한 지역임을 알 수 있는데, 이는 조선 후기에 이르러 두드러지게 된다.

제6장

조선시대의 역사와 문화

- 조선 행궁(行宮)과 강화유수부
- 조선시대의 문화

조선시대의
역사와
문화

1. 조선 행궁(行宮)과 강화유수부

조선조에 와서도 강화도는 도읍인 한양으로 들어오는 관문(關門)으로서의 역할이 중시되었다. 유사 이래로 강화도는 늘 전쟁의 전초(前哨)였다. 강화도는 항상 국가가 어려울 때는 최후의 방어선이었다. 강화행궁은 임금이 행차할 때를 대비해 세운 별궁으로 인조(仁祖) 9년(1631)에 옛 상아(동헌) 북쪽에 세워진 궁이다.

인조 14년(1636) 청(淸)나라 태종이 조선을 쳐들어왔을 때 역시 그러했다. 강화의 전란상 가장 참혹한 일이 병자호란이다. 청(淸)은 인조 5년(1627)인 정묘(丁卯) '금인란(金人亂)' 때 맺은 '형제지국'의 서약을 군신의 관계로 고치고, 겸하여 몽골(蒙古) 제족을 정복한 승세를 기회로 황제를 칭하고, 국호를 대청(大淸)이라 하고서 조선에 이 사실을 승인토록 강요하였으나, 이것을 거절한 조선의 태도에 격분한 나머지 청 태종(太宗)은 인조 14년(1636) 12월에 만주·몽골·한의 군사를 합해 10만 대군으로 조선을 침략해 왔다.

인조는 소현세자(昭顯世子)와 신하들을 데리고 남한산성에 몽진하고, 봉림(鳳林), 인평(麟平) 양 대군과 빈궁들이며 대신들의 처자들이 강화 행궁에 피난하고 있었다.

당시의 영의정 김유(金瑬)는 강화가 천혜의 요새이며, 청병은 수전에 약하니 결코 함락되지 않을 것을 확신하고, 그의 아들 김경징(金慶徵)을 강화도검찰사(檢察使)로 임명하였다. 김경징은 교만한데다가 아직 강화의 얼음이 두껍게 얼지 않는 것을 알고 안심하고 있던 차에 1637년 1월 22일, 청나라 군사 수만 명이 삼판선(三板船) 수십 척으로 강을 건너 와서 갑곶진(甲串鎭)에 진을 치고 잇따라 홍이포(紅夷砲)를 터뜨리며 강도를 점령하였다. 전 우의정 김상용(金尙容)이 이날 스스로 불에 몸을 태워 죽었고, 이 밖에 홍명형(洪命亨), 전 우승지 김익겸(金益謙) 등이 스스로 자결하였다. 이튿날인 1월 23일 청의 침략자들은 빈궁(嬪宮)·대군(大君) 등 2백여 명을 묶어 강도에서 철수하였다.

이때 강화도가 함락되고 왕자 일행이 적에게 사로잡혔다는 소식이 전해지자 인조도 최명길(崔鳴吉) 등의 주화파의 주장에 따라 항복을 결심하고 삼전도(三田渡, 지금의 송파)의 청 태종 진영에 수항단(受降壇)을 설치하고 추운 한 겨울에 항례(降禮)를 행하고 신하의 맹세를 하였다. 세자와 봉림대군, 효종 등 두 왕자가 인질로 청에 끌려가고, 척화파였던 3학사인 오달제(吳達濟)·윤집(尹集)·홍익한(洪翼漢)이 심양(瀋陽)에 잡혀가 죽임을 당하였다. 비록 45일간이라는 짧은 전쟁기간이었으나 청군이 거쳐간 서북 지방은 약탈과 살육에 의해 황폐해졌고 몇 만 명이 포로로 끌려가 온갖 고초를 겪었으니, 이는 조선으로서는 일찍이 당해 보지 못할 일대 굴욕이었다. 이로 말미암아 적개심에다 문화적인 우월감이 겹쳐서 전쟁이 끝난 뒤에도 조선의 청에 대한 반감은 오히려 더욱 고조되었다.

병자호란(丙子胡亂) 이후 효종(孝宗)과 숙종(肅宗)은 국방의 중요성을 인식하여 강화도 해안 전역에 5개의 진(鎭)과 7개의 보(堡), 8개의 포대, 53개의 돈대(墩臺) 그리고 8개의 봉수를 축조(築造)하여 외적의 침입에 대비했다. 이런 국방시설들은 1976년 이후 정비되어 그 중 일부가 복원되었다. 숙종 4년(1678) 강화부에 광주부와 동등한 진무영을 창설하였다.

진무영의 설치와 더불어 논의된 것이 강화도의 축성 문제였다. 숙종 4년 9월에 영의정 허적(許積)이 강화도의 적선 정박 가능처에 토성을, 지세가 험한 곳에는 돈대(墩臺)를 축조할 것을 주장해서 중신을 파견 조사토록 하였다. 그 후 병조판서 김석주(金錫冑)와 부사직(副司直) 이원정(李元禎)이 강화도를 순심(巡審)하고 돌아와서 49개소의 돈대처를 작성하여 올렸다. 고려 고종대에 축조한 외성의 흔적에 따라 수축할 것을 논의하였다.

숙종 5년(1679) 2월에 병조판서 김석주가 청대(請對)하고 강화에 돈대를 축조할 때 시설(施設)할 일을 아뢰었으며, 대신들과 논의를 통해서 돈대 축조가 결정되어 숙종 5년(1679) 3월에 전 수사 이우(李㒜)는 훈국천총(訓局千摠)으로서 함경·강원·황해 3도의 승군(僧軍) 8,000여 명과 어영군(御營軍) 4,300여 명이 전후로 나뉘어 각각 40여 일 동안 동원되어 준공되었다. 또한 김석주가 강화도의 돈대 48좌(座)를 그린 족자를 올렸다. 이들 돈대는 2~5개씩을 하나의 단위로 해서 12개의 진보에 소속시켰다. 후일에 4개가 수축되어서 그 총수가 53개가 되었다.

또한, 숙종 16년 8월에는 병조판서 민암(閔黯)이 강화도의 문수산(文殊山)에 산성을 쌓을 것을 건의하였다. 또한 숙종 대에는 강화의 외성에 대하여 보강할 것을 여러 번 건의하여 전체적으로 돈대와 강화외성의 보수에 대해 상당히 신경을 쓰면서 국방 유적의 중요성을 부각시키고 있다. 돈대의 수축과 더불어 고려시대부터 존재하였던 강화외성을 보수하는 작업도 중요시 되었는데, 강화외성의 축조 년대는 각각 1233년, 1235년, 1237년으로 되어 있으나, 성보(城堡)조에 보이는 고

• 1886년 10월 16일 강화유수부를 침입 점령한 프랑스 군대가 강화유수부 앞을 행군하는 장면(종군사관 H. 쥐베르의 스케치, 리텔 신부의 「병인양요보고서」 2, 한국일보, 1993.9.23)

종 20년(1233)에 외성을 쌓은 것으로 짐작된다. 그러나 고려시기의 강화외성의 위치라던가 규모는 밝혀지지 않았다. 다만 조선조에 와서 조선의 기록에 고려외성에 대한 기록이 간간히 언급되고 있어 고려외성의 면모를 유추할 수 있을 뿐이다.

 조선조에 와서 임진·병자 양란을 겪은 조정에서 본래 고려시대 항몽 요새였던 강화를 다시 난세의 피난처로 활용하기 위하여 강화성을 수축하였다. 강화외성은 강화도 해협의 동쪽 연안의 승천보(昇天堡)에서 초지수(草芝水·草芝鎭)까지 축성되었다. 승천보는 강화군 송해면 숭뢰리 바로 빙현돈대와 소우돈대의 중간 지점에 위치하고 있고, 초지수는 곧, 강화군 길상면 초지리 초지진을 일컫는다.

 강화외성이 자주 무너지는 것을 염려하여 영조 18년(1742) 6월 19일 (병오)에 강화유수 김시혁(金始爀)의 건의에 의하여 강화외성을 중국 북경(北京)에서 성벽을 쌓는 것처럼 벽돌(塼)을 구워 개축할 것을 건의한 바, 그래도 시행토록 윤허하였는데 이를 보면 기존의 고려시대 토성 위에 석축을 올리고 그 위에 전돌을 써서 성을 수축하였던 것으로 보인다. 또한 영조 20년(1744) 7월 14일에 보면, 강도(江都)에 옛[고려]토성(土城)이 있었는데 유수(留守) 김시혁이 벽돌을 구워 증축하여 이때에 이르러 공사가 끝났음을 고하였다. 임금이 우의정 조현명에게 명하여 가서 살펴보게 하였는데, 조현명이 돌아와서 아뢰기를 "지리(地利)와 형편(形便)이 남한(南漢)보다 낫습니다. 벽돌로 축조하여 견고하였고, 분첩(粉堞)이 웅장하고 위용이 있어 이를 경영하고 구획한 것이 유생(儒生)의 규모(規模)가 아니었습니다."라고 하였다. 이러한 돈대의 수축 및 강화외성의 보수를 통해서도 볼 수 있듯이 강화는 국방상 상당히 중요한 지역임을 알 수 있는데, 이는 조선 후기에 이르러 두드러지게 된다.

조선 후기에는 양명학(陽明學)을 대표하는 정제두(鄭齊斗)가 강화도에서 반골적인 생활로 일생을 보냈다. 그로부터 강화에서는 주자(朱子)의 해석학이 아닌 경전의 본뜻을 중시하는 복고적인 경향의 학풍이 일기 시작했다. 이러한 학풍은 강화학파(江華學派)라 하여 근대에까지 영향을 미쳤다. 이처럼 강화도는 조선조에 들어와 서울의 관문 역할을 담당하는 군사상의 요충일 뿐만 아니라 황해, 평안, 충청, 전라 등지의 산물을 서울로 운반하는 해로 교통의 요지이기도 했다.

1866년에는 프랑스 함대의 당시 로즈 제독이 이끄는 군인들이 10월 14일 강화 갑곶에 상륙하여 강화부 정찰을 마친 뒤 10월 16일 강화성부를 무혈점령하였다. 프랑스 군은 1개월 동안 점거한 강화성부를 철수하면서 다량의 서적류와 군수품들을 약탈하고 행궁과 강화유수부와 부속 건물들은 물론 성 내외의 민가까지 모두 방화 파괴하였다. 이것이 150년 병인양요이다.

2. 조선시대의 문화

1) 읍성과 전성(塡盛)

(1) 강화읍성

고려시대의 토축 내성을 조선시대에 와서 평지와 산지를 석축으로

• 복원된 강화성 서벽과 석수문(石水門: 오른쪽의 3개의 아취)

개축하여 강화읍성으로 사용했다. 1964년 사적 제132호로 지정된 강화읍성은 1636년 병자호란에 거의 다 무너졌는데 1652년 일부를 수리하고 1677년에는 범위를 넓혀 새로 쌓았으며 1709년(숙종 35)과 1711년 사이에 오늘의 강화읍성을 완성했다. 강화읍성의 구조는 4대 문을 비롯하여 암문 4곳, 수문 2곳, 성랑 9개소, 성문 장청 4개소, 장대 2개소로 되어 있다. 동문을 망한루(望漢樓), 서문을 첨화루(瞻華樓), 남문을 안파루(晏波樓), 북문을 진송루(鎭松樓)라 했다. 동문이나 서문의 현판을 모화적(慕華的)인 문구를 사용한 것은 당시의 사정을 잘 말해 주고 있다. 1866년 10월 16일 프랑스 군의 침공으로 성 안의 행궁과 전각 등 많은 건물들이 모두 불탔다.

강화읍성에는 서쪽 고려산에서 흐르는 동락천(東洛川) 위에 상수문과 하수문을 설치하였다. 지금은 남문 옆에 있던 남수문은 묻혀 있고, 서문 옆의 상수문만 남아 있다. 이를 흔히 석수문(石水門)이라고 한다.

석수문은 길이 10m, 높이 3.8m, 너비 4m이다. 화강암을 다듬어 4, 5단으로 쌓아 교각으로 삼고 3개의 아치형 수문을 냈으며 그 위에 정교하게 다듬은 사암으로 빈틈없이 위까지 평평하게 쌓아 노면을 만들고 그 위에 흙을 깔았다. 성 안에는 병자호란 때 자결한 선원(仙源) 김상용(金尙容) 선생 기념비각이 있으며, 인근에는 강화향교가 있다.

(2) 교동읍성(喬桐邑城)

강화군 교동면 읍내리 577번지 일대에 있다. 인천시 기념물 제33호로 지정되었다. 인조 7년(1629) 화계산 남쪽에 영(營)을 설치하고 읍성을 축조한 것으로 지금의 둘레 305m, 높이 약 2.4m로 동·남·북 3곳에 문을 두었다. 영조 29년(1753)에 당시 통어사였던 백동원(白東遠)이 성곽과 치첩을 수축하고 고종 21년(1884)에는 방어사 백낙륜(白樂倫)이

● 교동읍성 남문 홍예(虹蜺) 부분. 뒷산이 화개산이다

남문을 중건하였으나 무너져 없어졌다. 북 동문은 고종 27년(1890)에 부사 민창호(閔敞鎬)가 중건하였다. 세 문에는 각각 문루가 있었는데 남문을 유량루(庾亮樓)라 하고 동문을 통삼루(統三樓)라 하며 북문을 공북루(拱北樓)라 하였으나 이들 문루는 언제 없어졌는지 확실치 않고, 남문루는 1921년 폭풍우에 무너져 오늘날은 홍예(虹霓) 부분만 남아 있다.

교동은 조선 초기에 만호를 두어 지현사(知縣事)를 겸하게 하였다가 뒤에 현감으로 바뀌었다. 인조 7년(1629)에 도호부로 승격시켜 부사를 두게 하였으니 이 해에 경기수영을 교동 월곶진 기지로 옮겨 경기수사가 부사를 겸임하게 하였고 월곶진은 강화로 이전하게 했다. 따라서 교동읍성은 교동에 경기수영이 이설되고 교동이 도호부로 승격되면서 축조된 것을 알 수 있다. 인조 11년(1633)에는 삼도통어영을 설치하고 경기수사가 통어사를 겸임하여 황해, 충청수사를 겸임하여 관리하게 하였다. 교동 읍내리 남산포에는 삼도수군통어영 터가 남아 있다.

(3) 강화전성(塼城)

불은면 오두리 563번지에 강화외성 가운데 유일하게 축 부분이 일부 남아있다. 인천시 기념물 제20호이다. 이 성은 영조 19년(1743) 강화유수 김시혁이 고려 시기의 토성을 이용하여 다시 쌓았다고 한다. 2002년 저자가 조사한 전성의 기저부에서는 나뭇가지가 섞인 일종의 부엽식(敷葉式) 토축이 확인되었다. 토축 위에 다듬은 돌로 쌓고, 그 위에 벽돌로 축조한 토석조(土石塼) 혼합성으로 현존 길이가 270m이고, 높이가 약 4m이고 전축(塼築)의 높이는 0.9m~1.2m이다.

• 강화전성

　전벽돌은 강회(剛灰) 붙임으로 어긋매김 공법에 따라 축조하여 도괴를 방지하도록 하였다. 고려 고종 때 처음으로 흙으로 토성을 쌓아 강화 외성에 속하게 했다가 조선 영조 때 강화유수 김시혁(金始㷇)이 나라에 건의하여 10리의 외성을 벽돌로 쌓고 나머지는 영조 19년(1743)부터 이듬해(1744)까지 2년에 걸쳐 삼군문(三軍門)에서 개조했다고 한다. 영조 20년(1744) 7월 14일(기해)조에 의하면, 김시혁은 중국 북경에서 벽돌 굽는 법을 배워와 강화외성을 수축할 것을 수차 조정에 건의하여 마침내 임금(영조)의 윤허를 얻어 중국 북경에서 배워온 대로 벽돌을 구워 강화외성을 수축하였다. 이어서 우의정 조현명(趙顯命)이 아뢰기를, "벽돌 굽는 방법을 중국 북경에서 배워가지고 왔기 때문에 일은 반만 해도 공(功)은 배나 되어 그 이익이 무궁합니다. 앞으로 각

군문(軍門)과 와서(瓦署)로 하여금 그 법에 따라 구워 만들게 하소서." 하니, 임금이 그대로 따랐다. 얼마 안 있어 특별히 김시혁(金始爀)을 발탁하여 한성부(漢城府) 판윤(判尹)으로 삼았다. 강화유수 김시혁이야말로 진정한 조선의 '테크노크라트(Technocrat)' 였다.

이때 벽돌로 쌓은 강화외성의 일부가 곧, 우리가 조사하게 된 강화군 불은면 오두리 563번지 일원의 강화전성이다.

강화전성은 결코 실험적이거나, 실패한 전성으로 보이지 않는다. 이번 조사 결과 완벽할 뿐만 아니라 성곡적인 전축성(塼築城)으로 밝혀졌다. 이때 경험한 기술의 축적(know-how)으로 수원화성(華城)이 축조되었다. 수원화성은 이보다 52년이나 이후인 정조 20년(1796)에 쌓았다. 정조 때 실학자 초정(草亭) 박제가(朴齊家, 1750~1805)가 『북학의(北學議)』에서 벽돌 사용을 주창한 것도 이보다 반세기 뒤이다. 강화전성이야말로 조선에서 가장 이른 시기의 전축성(塼築城)이다. 저자는 강화군의 지원으로 2001년 12월부터 2002년 1월까지 겨울방학을 이용하여 선문대학교 고고연구소 연구원들과 함께 강화전성 100m 구간을 실측 조사한 바 있다.

2) 강화유수부 관련 유적

(1) 강화유수부 동헌(東軒)

정면 8칸, 측면 3칸의 겹처마 단층 팔작 기와지붕의 익공집으로 이중 장대석으로 조성된 기 강화읍 관청리 743번지 고려궁 터 안에 있는 강화유수부의 상아(上衙)로 조선시대 관아 건물이다. 고려 고종 때의 궁궐이 있던 곳에 조선시대 유수부의 동헌을 지었다. 북쪽에는 조선시대의 행궁이, 동쪽에는 객사가 있었으며, 현재의 건물은 인조 16년(1638)에 개수한 것이며 일제강점기부터 해방 뒤까지 군청으로 사용하다가 1977년 복원 수리했다. 관호는 '현윤관(顯允館)'이라 하였으며 일명 명위헌(明威軒)이라고도 했다. 명위헌 현판은 윤순(尹淳)이 쓴 것인데 지금도 걸려 있다.

단 위에 네모꼴로 다듬은 주춧돌을 놓고 네모 기둥을 세웠다. 공포는 화반 없이 간단한 형태의 초익공으로 되어 있으며 내부 가구는 2고주 7량으로 되어 있다. 바닥 중앙에는 대청마루가 깔려 있고 동쪽 1칸에는 바닥을 높인 마루가 있다. 정면은 모두 사분합의 세살문을 달았다. 동헌의 서쪽에는 높은 석축으로 단을 조성한 고려 궁궐터로 전하는 건물터가 있고 그 앞에 낮은 곳에 이방청 건물이 있다.

(2) 강화유수부 이방청(吏房廳)

고려궁지 안에 있는 조선시대 관아 건물이다. 원래 강화유수부 안에 있던 육방 가운데 하나인 이방청으로 지금의 고려궁 터 정문인 승평문 서쪽에 위치해 있다. ㄷ자형의 한식 목조 단층 기와집인데 온돌방이 8칸이고 우물마루로 된 청마루가 12칸이며 부엌이 1칸으로 모두 21칸이다. 팔작지붕에 민도리 홑처마로 된 건물로 건평 220㎡ 가량이다. 지금의 건물은 효종 5년(1654)에 유수 정세규(鄭世規)가 건립하여 관아로 사용하던 것을 정조 7년(1783) 유수 김노진(金魯鎭)이 중수하였다. 이방청에서는 법전을 제외한 모든 크고 작은 사무를 담당했다. 일

• 잠시 평온했던 강화유수부 아문(昇平門) 풍경. 한 달 후 프랑스 군에 의해 방화 소실된다. H.쥐베르의 스케치(불 리델 신부의 「병인양요보고서」8, 한국일보 1993.10.5)

제강점기부터 강화등기소로 사용했다가 1975년 수리 복원했다.

(3) 용흥궁(龍興宮)

철종이 19세에 왕위에 오르기 전에 살던 잠저(潛邸)이다. 강화읍 관청리 441번지 내수골에 있다. 원래는 민가였던 모양이나 철종이 왕위에 오르게 되자 철종 4년(1853) 강화유수 정기세(鄭基世)가 현재와 같은 기와 건물을 세우고 용흥궁이라고 했다. 고종 광무 7년(1903)에 청안군 이재순(李載純)이 중건했다.

지금 남아 있는 건물로는 내전 1동, 외전 1동, 별전 1동, 잠저 구기 기념 비각 1동 등이다. 이들 건물들은 팔작지붕에 홑처마 주심포의 구조로 1974년에 일내 보수를 거쳐 오늘에 이르고 있다. 내전은 앞면 7칸 측면 5칸이며 건평은 90㎡이다. 별전은 앞면 6칸, 측면 2칸인 ㄱ자형 집으로 건평 95㎡이다. 좁은 고샅 안에 행랑채를 둔 이중의 건물은 서울 창덕궁의 연경당이나 낙선재와 같이 살림집의 유형에 따라 조영되어 소박한 기풍을 느끼게 한다. 다만 주변이 정리되지 않은 것이 아쉽다.

(4) 연무당지(鍊武堂址)

진무영의 열무당(閱武堂)이 좁아 고종 7년(1870)에 세운 것으로 신열무당이라고 한다. 그 뒤 동소문 밖으로 옮겼는데 속칭 동교장이라 불렸으며 지금은 그 자리에 강화중학교가 자리잡고 있다. 지금의 서문 안으로 옮긴 뒤에는 이 연무당에서 1876년에 일본에 의해 강제로 병자수호조약이 체결되었다. 1977년에 옛 연무당 터를 정비하여 잘 다듬어진 잔디밭 안에 자주의식을 드높여야 한다는 경고비를 세웠다.

(5) 연미정(燕尾亭)

강화읍 월곶리 242번지 해변에 있다. 고려 때 고종이 이곳에서 학생을 공부시켰다고 전한다. 한강과 임진강이 합류하여 한 줄기는 서해로, 한 줄기는 인천해로 갈라지는 것이 마치 제비꼬리 같다고 하여 연미정이란 이름이 붙었다. 연미정은 10개의 긴 돌기둥 위에 팔작지붕으로 겹처마를 올렸는데 짧은 나무 기둥 위에 도리를 두지 않은 전면 3칸, 측면 2칸의 민도리집이다. 이 정자의 지붕 생김새와 추녀가 실제로 날아갈 듯한 겹처마로 되어 있어 연미정이란 이름이 붙을 만하다.

조선조 중종 때 삼포왜란에 공을 세운 황형(黃衡)에게 주었다고 한다. 인조 5년(1627) 정묘호란 때에는 이곳에서 청과 강화조약을 체결했다. 숙종 5년(1679)에 축조된 월곶돈의 망루 역할을 하고 있다. 연미돈대라고도 한다. 그 뒤 퇴락하여 강화부에서 1744년에 중건했고 1891년에는 큰 보수 공사가 있었으며 1931년에도 보수를 했다. 한강과 임진강 어귀와 강화 해협을 한눈에 내려다 볼 수 있는 절경으로 강화 10경의 하나이다. 자연경관뿐만 아니라 건축미에 있어서도 최고의 정자이다. 최근에 복원되어 일반인이 자유롭게 드나들 수 있게 되었다.

3) 향교(鄕校)와 성공회(聖公會)

(1) 강화향교

• 연미정의 우아한 자태. 바로 아래가 한강이다.

강화읍 관청리 936번지 강화여자고등학교 안에 있다. 처음 창건된 것은 조선 중기이나 현재의 건물은 조선 후기의 건물로 추정된다.

고려 인종 5년(1127) 내가면 고천리에 창건되었고 고려 고종 19년(1232) 현재 갑곶리로 이건하였다가 다시 고종 46년(1259)에 포음도로 옮겨 세웠다. 그 뒤 조선 인조 2년(1624)에는 강화유수였던 심열(沈悅)이 현재의 관청리에 건립했다. 향교의 건물들로는 대성전, 동무, 서무, 제기고, 명륜당, 주방이 있다. 대성전은 3단의 장대석 기초 위에 세운 정면 5칸, 측면 3칸에 한식 골기와로 된 맞배지붕에 방풍판이 있는 모습이다. 명륜당은 정면 4칸, 측면 3칸으로 팔작지붕에 한식 기와집이다.

(2) 교동향교(喬桐鄕校)

고도(孤島) 교동은 2014년 6월 30일에 교동대교(2.11m)가 개통됨으로써 육지와 연결되었다. 교동향교는 시 유형문화재 제28호로 현재 교동면 읍내리 148번지에 화개산 북록에 위치해 있다. 우리나라 향교 가운데 가장 최초로 고려 인종 5년(1127)에 창건된 유서 깊은 곳이다. 충렬왕 12년(1286)에 유학제거(儒學提擧)였던 문성공 안유(安裕, 본명 珦, 1243~1306년)가 원나라에 갔다가 돌아오는 길에 공자상(孔子像)을 들여와 이곳 향교에 봉안하였다. 그 뒤 경도와 각 읍에 문묘를 설치하고 공자상을 봉안하였다고 한다. 지금의 대성전에는 중국의 다섯 성인과 신라, 고려, 조선의 유현을 배향하고 있다. 조선 영조 17년(1741) 지부(知府) 조호신(趙虎臣)이 화개산 북록에 있던 것을 남록으로 옮겼다. 경내에는 대성전, 동서무, 명륜당, 동서재, 제기고, 내외삼문이 있다. 향교

• 교동향교 전경. 뒷산이 화개산이다.

입구에는 홍살문이 세워져 있고 문 앞에는 "수령변장하마비"가 있다. 홍살문을 지나 오르면 솟을삼문 형식의 외삼문에 이른다. 외삼문에 들어서면 명륜당, 뒤쪽으로 내삼문이 있고 그 안쪽에 대성전이 있다.

대성전은 정면 5칸, 측면 2칸의 초익공 맞배집이며, 동무와 서무는 각각 정면 3칸에 측면 2칸의 민도리 맞배집이다. 명륜당은 막돌허튼층쌓기 기단 위에 올려진 덤벙 주초, 방주로 지어진 정면 4칸, 측면 2칸의 민도리 맞배집이다. 그리고 동재와 서재는 일반적인 일자형 건물이 아니라 ㄱ자형의 특이한 형태를 취한다. 제기고는 내삼문의 동쪽에 자리 잡은 분향문을 들어서면 나타나는데, 대성전의 동쪽에 있으며 정면 3칸에 측면은 퇴 칸을 포함한 2칸으로 구성되었으며 맞배집이다. 역시 건물의 배치가 고졸하고 주위의 경관이 매우 아름답다.

교동향교는 봄과 가을에는 석전(釋奠)을 지내는데 음력 2월 8일 초순 또는 정일(丁日)에 행사를 치른다.

• 교동향교 노룡암(老龍巖)

내삼문의 우측 회계에는 '노룡암(老龍巖)'이라는 각자 바위가 있다. 숙종 43년(1717) 이봉상이 '老龍巖'이라 쓰고, 영조 51년 계사(1775)에 이달해가 글을 지어 새겼다. 이것은 교동현 동헌의 북쪽 층계에 있었던 것을 1982년 지금의 위치로 이전하여 오늘에 이르고 있다.

(3) 성공회 성당

강화읍 관청리 250번지에 있다. 사적 제424호. 1890년 영국의 국교인 성공회가 우리나라에 전파된 뒤 영국인 왕남도 신부가 갑곶에서 회당 겸 사택을 매입하고 전도를 시작하였다. 그 뒤 왕 신부는 본국으로 돌아가고 1896년 조마가 신부가 부임하여 강화읍에서 김마가(희준)를 전도했다. 1897년에는 영화원이라는 보육원을 개설하고 서양 의술로 많은 환자를 돌보았으며 1900년에 현재의 한식 중층 건물을 완공했다.

영국 성공회는 처음 포교 단계부터 교리나 예배 의식, 신앙의 상징물 등에서 한국의 전통적인 문화를 되도록 살리려고 노력하였다. 이러한 노력은 강화 성당을 지을 때에도 크게 반영되어 이 성당은 전통적인 한식 건축의 재료나 구조 기법을 유지하면서 성당의 기능을 잘 살린 한식과 양식이 절충된 대표적인 건물로 꼽힌다. 관청리 용흥궁 뒷길 가파른 계단을 오르면 정문으로 재래식 솟을대문인 삼문이 있고 바로 그 뒤에 한식으로 된 전면 4칸, 측면 15칸의 장방형 중층 기와지붕의 본당 건물이 있다. 2층은 정면 2칸, 측면 13칸으로 지형 조건과 잘 어울리는 매우 아름다운 건물이다. 바로 아래에 있는 철종(哲宗)의 생가인 용흥궁과도 잘 어우러져 다른 서양 종교 건물과는 달리 전래의 관습과 마찰하지 않고 적응하려고 한 흔적이 돋보인다.

• 강화 성공회 성당 전면

• 강화 성공회 성당 측면

(4) 강화동종

보물 제11호. 이 종은 조선조에 강화 성문을 여닫는 시각을 알리던 종이었다. 병인양요(1866년) 때에는 프랑스 군이 약탈해 가져가려다 갑곶진 부근에 버린 것을 강화읍내로 옮겨 왔다가 1977년 강화 국방유적 복원사업 때에 강화읍 관청리 강화유수부 서쪽 종각에 걸려 있었으나 현재 강화역사박물관 1층 홀에 전시해 놓았다.

• 강화동종

강화동종은 상부에 용으로 장식한 용뉴는 있으나 용통이 없는 것이 특징이다. 종의 몸체는 어깨 부분의 유곽(乳廓) 안에 유두(乳頭) 대신 9개의 연꽃을 새겨 넣었고, 종의 중앙은 두 줄의 띠로 상하를 구분하였으며 종의 아래 부분에는 보상화문을 양각으로 주조했다. 높이 186.5m 밑지름 141m이다. 명문에는 조선 숙종 37년(1711)에 제작했다고 기록하고 있다.

4) 정족산사고(鼎足山史庫)와 『조선왕조실록』

(1) 정족산사고

사고(史庫)란 조선왕조의 역사를 기록한 『조선왕조실록』을 보관하던 곳으로 전국에 걸쳐 4곳이 있었다. 이들 사고 가운데 가장 중요한 곳이 원본을 보관하고 있던 정족산사고이다. 일명 장사각(藏史閣)이라고 한다. 정족산사고는 임진왜란 이후 선조 39년(1606)에 마니산에다 설치한 것이 처음이고 그 뒤 현종 원년(1660)에 사고를 마니산으로부터 정족산 삼랑성 안 전등사 경내로 옮겼다. 이 해 유수 유념(柳捻)이 사고 옆에 선원보각(璿源寶閣)을 세워 왕실족보를 보관하였다. 숙종 33년(1707) 강화유수 황흠(黃欽)이 사고를 고쳐 짓고 그 옆에 별관을 지어 취향당(聚香堂)이라 하고 정족산사고와 선보각을 수호하고 관리하는 보사권봉소(譜史權奉所)로 사용하였다. 취향당은 1909년 이후 퇴락하여 터만 남아 있다가 2005년 여름 저자가 건물지를 찾아낸 후 발굴·복원되었다.

『조선왕조실록』은 전주사고에 보관되어 있던 원본을 임진난을 피하여 정읍 내장산-묘향산-강화 마니산-강화 정족산으로 옮겼다.

선조 36년(1603) 정족산으로 옮겨 온 전주사고본은 39년(1609)에 3질을 복인하여 원본은 정족산에 두고 교정본은 오대산에, 신인본은 춘추관, 태백산, 묘향산에 두었다.(『사고지조사보고서』, 1986) 정족산사고에 소장되어 있던 『조선왕조실록』 원본은 현존하는 책수가 1,189책으로 여기에 없어진 2,3책을 합친 수가 실제 권수가 된다.

1866년 병인양요 때 강화도를 일시 점거한 프랑스 군으로부터 잘 지

• 정족산사고와 선원보각. 오른쪽이 취향당

켜낸 『조선왕조실록』과 『선원보』는 1909년 조선통감부에 의해 서울로 옮겨진 뒤 1930년 경성제국대학(현 서울대학교)으로 옮겨져 오늘에 이르고 있다. 정족산사고지는 황폐한 상태로 있다가 근래에 와서 복원되었다.

(2) 외규장각(外奎章閣)

행궁 동쪽에 있었는데 정조 5년(1781) 유수 서호수(徐浩修)가 연초헌(燕超軒)을 헐고 이곳에 외규장각을 세웠다. 정조 7년(1783) 김노진이 편찬한 『강도부지』에는 '규장외각(奎章外閣)'이라고 기록되어 있다. 국립중앙도서관 소장의 정조 때(18세기) 그림인 '강화부궁전도'에는 '외규장각'이라는 화제(畵題)가 붙어 있다. 강화부 내책고(內冊庫)에 있던 비밀 서류를 이곳으로 옮겼는데, 1866년 병인양요 때 함께 불타 없어졌다.

외규장각에는 조선 왕조의 궁실 및 국가의 주요 행사(책봉, 결혼, 장례, 도사, 친경 등)를 치르는 논의 과정, 준비 과정, 의식 절차, 진행, 포상 등에 관한 기록인 의궤(儀軌)가 소장되었다. 대부분 규장각이나 장서각에 소장되어 있는 것과 중복되는 것이고 유일본은 38종이다.

병인양요 때 프랑스 군은 강화읍성에서 물러나면서 외규장각에 보관되어 있던 책 6천여 권 대부분을 불태우고, 그 중 342권을 가져갔다. 이 책들은 오랫동안 베르사유의 도서관 별관에 방치되었다가 프랑스 국립중앙도서관에 보관되어 왔었다.

1975년 프랑스 국립중앙도서관에서 박병선 씨에 의해 외규장각 도서의 존재가 밝혀진 이후 1991년 우리 정부가 프랑스 정부에 공식적으로 반환을 요청하면서 외규장각 도서 반환 협상이 시작되었다.

1993년 이후 2010년과 2011년에 3차에 걸쳐 총 297책의 의궤가 반환되어 현재는 국립중앙박물관에 소장되어 있다.

　조선조의 외규장각의 자리는 장녕전(長寧殿) 부근에 있었을 것으로 보인다. 최근에 프랑스 군이 약탈해 간 도서의 반환운동과 더불어 외규장각을 장녕전지에 복원하였다. 그러나 이 자리는 원래 고려궁의 정전이 있었을 자리이다. 사적 제133호는 고려궁지(高麗宮址)이다.

• '강화부궁전도'(1867년 제작). 왼쪽이 행궁이고 그 옆이 외규장각(그림의 중앙), 오른쪽이 장녕전이다. 외규장각 건물은 중심에서 왼쪽에 치우쳐 있었다.

우리는 중요한 것을 잊고 있다. 2016년이 한불수교가 130주년이었다는 것만을 알고 있다.
그러나 프랑스 함대가 조선을 침략하여 강화성을 초토화시킨 지 150주년이 되는 해라는 것은 잊고 있다.
프랑스 군은 강화 성내에서 민가를 약탈하는 한편 관아를 습격하여 전리품을 챙기고 퇴각하면서
모든 관아에 불을 지르고 강화성을 초토화시켰다.

제7장

조선 근세의 강화 역사와 문화

- 조선 근세의 국방 사적
- 강화도의 진(鎭) 보(堡) 돈(墩)
- 강화학파 그 유적
- 병인양요(丙寅洋擾)와 대불항전(對佛抗戰) 전적지
- 신미양요
- 운양호사건

조선 근세의 강화 역사와 문화

1. 조선 근세의 국방 사적

병자호란(丙子胡亂) 이후 효종(孝宗)과 숙종(肅宗)은 국방의 중요성을 인식하여 강화도 해안 전역에 5개의 진(鎭)과 7개의 보(補), 8개의 포대, 53개의 돈대(墩臺) 그리고 8개의 봉수를 축조(築造)하여 외적의 침입에 대비했다. 이런 국방시설들은 1976년 이후 정비되어 그 중 일부가 복원되었다. 숙종 4년(1678) 강화부에 광주부와 동등한 진무영을 창설하였다. 진무영의 설치와 더불어 논의된 것이 강화도의 축성 문제였다. 숙종 4년 9월에 영의정 허적(許積)이 강화도의 적선 정박 가능처에는 토성을, 지세가 험한 곳에는 돈대(墩臺)를 축조할 것을 주장해서 중신을 파견 조사토록 하였다. 그 후 병조판서 김석주(金錫冑)와 부사직(副司直) 이원정(李元禎)이 강화도를 순심하고 돌아와서 49개소의 돈대처를 작성하여 올렸다. 고려 고종대에 축조한 외성의 흔적에 따라 수축할 것을 논의하였다. 또한 숙종 5년(1679) 2월에 병조판서 김석주가 청대(請對)하고 강화에 돈대를 축조할 때 시설(施設)할 일을 아뢰었으며,

대신들과 논의를 통해서 돈대 축조가 결정되어 숙종 5년(1679) 3월에 전 수사 이우(李偶)는 훈국전총(訓局千摠)으로서 함경·강원·황해 3도의 승군(僧軍) 8,000여 명과 어영군(御營軍) 4,300여 명이 전후로 나뉘어 각각 40여 일 동안 동원되어 준공되었다. 또한 김석주가 강화도의 돈대 48좌(座)를 그린 족자를 올렸다. 이들 돈대는 2~5개씩을 하나의 단위로 해서 12개의 진보에 소속시켰다. 후일에 4개가 수축되어서 그 총수가 53개가 되었다. 또한 숙종 16년 8월에는 병조판서 민암(閔黯)이 강화도의 문수산(文殊山)에 산성을 쌓을 것을 건의하였다. 또한 숙종대에는 강화의 외성에 대하여 보강할 것을 많이 건의하여 전체적으로 돈대와 강화외성의 보수에 대해 상당히 신경을 쓰면서 국방유적의 중요성을 부각시키고 있다.

돈대의 수축과 더불어 고려시대부터 존재하였던 강화외성을 보수하는 작업도 중요시 되었는데, 조선조에 와서 임진·병자 양란을 겪은 조정에서 본래 고려시대 항몽 요새였던 강화를 다시 난세의 피난처로 활용하기 위하여 강화외성을 수축하였다. 강화외성은 강화도 해협의 동쪽 연안의 승천보(昇天堡)에서 초지수(草芝水·草芝鎭)까지 축성되었다. 승천보는 강화군 송해면 숭뢰리 바로 빙현돈대와 소우돈대의 중간 지점에 위치하고 있고, 초지수는 곧, 강화군 길상면 초지리 초지진을 일컫는다.

강화외성은 북쪽의 송해면 당산리 승천보에서 시작하여 남쪽으로 길상면 초지리까지 이어진다.

조선조에 와서는 외성에 문루 6좌, 암문 6좌, 수문 17개소를 만들었다. 또 적북에서 초지에 이르는 사이에 치첩(稚堞), 화살구 또는 총안

(銃眼) 4,740구를 만들었다. 광해군 때에는 무찰사 심돈(沈惇)을 시켜 토축을 쌓게 했다. 영조 19년(1743)에는 강화유수 김시혁(金時爀)이 벽돌로 개축하기도 했는데 이것이 바로 강화전성(江華塼城)이다.

강화외성이 자주 무너지는 것을 염려하여 영조 18년(1742) 6월 19일(병오)에 강화유수 김시혁의 건의에 의하여 강화외성을 중국 북경(北京)에서 성벽을 쌓는 것처럼 벽돌(塼)을 구워 개축할 것을 건의한 바, 그래도 시행토록 윤허하였는데 이를 보면 기존의 고려시대 토성 위에 석축을 올리고 그 위에 전돌을 써서 성을 수축하였던 것으로 보인다. 또한 영조 20년(1744) 7월 14일 조에 보면, 강도(江都)에 옛[고려]토성(土城)이 있었는데 유수(留守) 김시혁이 벽돌을 구워 증축하여 이때에 이르러 공사가 끝났음을 고하였다. 임금이 우의정 조현명에게 명하여 가서 살펴보게 하였는데, 조현명이 돌아와서 아뢰기를 "지리(地利)와 형편(形便)이 남한(南漢)보다 낫습니다. 벽돌로 축조하여 견고하였고, 분첩(粉堞)이 웅장하고 위용이 있어 이를 경영하고 구획한 것이 유생(儒生)의 규모(規模)가 아니었습니다."라고 하였다. 이러한 돈대의 수축 및 강화외성의 보수를 통해서도 볼 수 있듯이 강화는 국방상 상당히 중요한 지역임을 알 수 있는데, 이는 조선 후기에 이르러 나타나게 된다.

2. 강화도의 진(鎭) 보(堡) 돈(墩)

강화도의 조선시대 국방 유적으로는 성곽 이외에도 진, 보, 돈(일명 돈대), 봉수(烽燧) 등을 들 수 있다. 조선 후기 임진, 병자 양란을 겪은 다음 조선은 강화의 군사 시설을 튼튼히 하기 위해 진, 보, 돈(돈대)을 축성했다. 특히 병자호란 때 청병을 피해 강화로 피란했던 봉림대군(鳳林大君)이 뒷날 왕위에 오른 다음, 청나라에 대한 응징으로 북벌을 계획하고 효종 7년(1656) 강화도에 진과 보를 설치하여 만일에 대비했다.

 그러나 효종은 큰 뜻을 다 펴지 못하고 돌아가시고 사왕인 숙종은 선왕의 뜻을 받들어 국방에 만전을 기하였다. 그래서 월곶진, 재물진, 덕진진과 인화보, 철곶보, 승천보가 설치되었다. 그 뒤 계속 추가되어 12진보를 갖추게 되었다. 진보 밑에 돈대와 포대를 두어 마치 톱니바퀴로 움직이는 큰 기계와 같은 전략 요새를 구축하였다.

 이러한 국가적 방위 사업이 오로지 강화도와 강화 도민들만을 보호하기 위해 이루어진 것은 결코 아니었다. 조선의 축소판이라 할 강화도가 적에게 넘어가면 전국토가 위험에 처한다는 사실을 잘 알고 있었기 때문이었다.

 『숙종실록』에 보면 조선조 숙종은 영의정 허적(許積), 형조판서 윤휴(尹鑴), 훈련대장 유혁연(柳赫然) 등의 건의로 숙종 5년(1679)에 병조판서 김석주(金錫胄)가 강화에 돈대(墩臺)를 축조했다. 그 『강도지』에는 "함경, 강원, 황해의 승려군 8천 명과 어영군 4천3백 명을 동원하여 40일 동안 모두 49개의 돈대를 축성케 하였다"라고 나와 있다.

 그 뒤 조선 숙종 44년(1718)에 빙현, 철북 2좌가 증설되었고 46년(1720)에 초루돈 1좌가 또 증설되어 모두 53좌의 돈대가 완성되었다. 그 뒤 양암, 갈곶 2좌 돈대를 철폐하여 모두 51좌의 돈대가 남게 되었다. 그리고 숙종 5년(1679)에 돈대를 축성할 때 9좌의 포대도 함께 설치하였다. 이 밖에도 강화에는 8좌의 봉수(봉화대)가 설치되었다.

당시 병제를 보면 진에는 첨사(병마첨절제사)나 병마만호가 배치되었고, 보에는 별장을, 돈대에는 돈장을, 포대에는 영장을 두었다.

강화도의 조선시대 국방유적으로 성곽 12개소를 비롯하여 12진보, 54돈대, 6포대, 9봉수(烽燧), 3요망대(瞭望台)가 있었다. 갑곶에서 시작하여 시계방향으로 성곽, 진보, 돈대 등이 마치 톱니바퀴처럼 둘러져 있는 강화도 해안을 한 바퀴 둘러보는 것도 꽤 유익할 것이다.

이들 국방 기지는 근대 병인·신미 두 양요 때 적을 잘 방어하여 그 기능을 제대로 발휘했으나 그 뒤 쳐들어온 일본 군함으로부터 초지진과 포대가 포격을 받고 완전히 무너지면서 강화도를 내놓아야만 했다.

1) 진(鎭)

(1) 제물진(濟物鎭)

조선은 정유재란과 병자호란을 통해 많은 곤욕을 치렀고 이 때문에 강화의 군사 시설을 강화하기 시작하여 진, 보, 돈을 쌓았다. 갑곶돈은 제물진에 소속하고 있다. 지금은 사적 제306호인 갑곶돈대만 남았다. 구(舊)강화대교를 건너자마자 바로 왼쪽에 나타나는데 신(新)강화대교를 건너 왼쪽으로 100m 정도 내려와서 강화전쟁박물관(옛 강화역사관) 경내에 있다. 갑곶진(甲串鎭)은 내륙에서 강화도에 들어오는 관문이다. 고려산에서 내려온 동락천이 강화읍성을 관통하여 갑곶에서 염하에 이르는데, 염하와 돈락천은 제물진의 진성(鎭城)의 남쪽 성벽을 감싸는 호성하(護城河, 垓子)의 역할을 하고 있다. 돈대 남쪽 동락천에는 원래 갑곶 수문(水門) 위로 강화외성과 연결 됐었다.

제물진은 숙종 5년(1679)에 갑곶돈과 함께 설치하였다. 효종 7년(1656) 원래는 인천에 있던 제물진(濟物鎭)을 1656년 이곳 갑곶진(甲串鎭)으로 옮기고, 숙종 5년(1679)에 갑곶돈을 축조하였다. 제물진에는 갑곶돈, 염주돈, 제승돈, 망해돈이 소속되었고 대포 8문이 설치된 갑곶포대도 함께 설치되었다. 제물진에는 어영청(禦邊廳)과 금위영 등이 설치되었다.

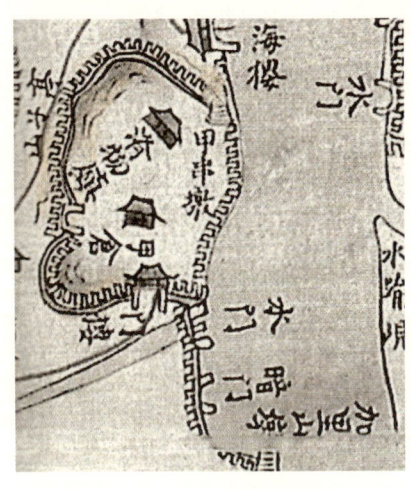

• 강화 제물진(濟物鎭) 지도(「海東地圖」, 19세기). 진성(鎭城)안에 갑곶돈(甲串墩)과 진사(鎭舍), 갑창(甲倉)이 있다. 일명 갑창성이라고 한다.

1866년 10월 14일 프랑스 함대는 4척의 군함을 갑곶에 항진하여 강화도 상륙을 위해 정박한다. 다음날 15일 프랑스 군은 대병력을 동원하여 강화성 침공을 감행한다. 16일에 다시 강화성을 공격하여 성을 완전 점령한다.

'1977년 강화 전적지 보수정화 사업'의 일환으로 갑곶돈대와 갑곶포대가 복원되었다. 돈대 안의 포각 속에 조선시대 대포 1좌를 설치하였다. 그리고 해안으로 뛰어나온 치성(雉城) 안에 소포 2문을 설치하였다. 지금의 갑곶돈대와 갑곶포대는 제물진 소속이다. 갑곶돈대 옆에는 강화도의 관문 역할을 하는 성문인 진해루(鎭海樓)가 있었다. 저자는 2003년 갑곶나루 주변 지표조사 시에 진해루의 기저부를 확인한 바 있다.

갑곶은 병인양요 때 프랑스 군의 무단 침입으로 아군의 저항이 전개되었던 전적지로서 조국 수호의 성지로 역사적으로나 정신적으로 기념되어야 할 유적이다. 그러나 프랑스 군이 조선을 침입할 때 프랑스 군의 향도(向導) 역할을 했던 최인서를 비롯하여 천주교도들이 강화도에서 참수된 것을 기념하는 '갑곶순교성지'가 최근에 조성되었다.

(2) 갑곶나루 선착장과 석축로(石築路)

경기도 김포군 월곶면 성동리 산성포에서 나룻배로 염하를 건너오면 강화도에 첫 번째 닿는 곳이 갑곶나루이다. 1988년 인천시 기념물 제25호로 지정되었다. 갑곶나루 선착장에 조선조 세종 때 박신(朴信)

• 갑곶나루 선착장과 진해루 1900년대 초 사진(오른쪽 아래는 나룻배의 선수 부분)

이 간조 시에 개펄을 건널 수 있도록 석축로를 만들었다. 진해루 터 밖 해안에 간조(干潮) 때면 개펄 속에서 석축로가 드러나고 있다. 지금은 인천시 기념물 표시판마저도 보이지 않는다.

(3) 덕진진(德津鎭)

덕진진은 불은면 덕성리 373번지에 있다. 원래는 수영에 속한 진이었다. 사적 제226호. 용두돈대와 덕진돈대

• 조선말기 지도상의 덕진진과 포대(오른쪽)

가 남장포대와 함께 덕진진에 소속되어 있었다. 이들 돈대와 포대는 모두 1679년에 축조되었다. 덕진진은 염하 어귀를 지키는 중요한 요새인데 여기에 소속된 용두돈대는 광성보 쪽에 있지만 김포반도의 덕포진 포대와 마주보고 급류가 흐르는 염하 어귀에 위치한 초지진과 광성보의 중간에서 서로를 연결시켜주고 있다.

이곳은 강화외성의 중요한 일부였으며 병인양요 때에는 양헌수 장군의 부대가 야음을 틈타 덕진진을 통과하여 정족산성에 들어가 프랑스 군을 격파하였다. 신미양요 때에는 로저스가 지휘하는 극동 함대와 어재연 장군의 아군이 치열한 포격전을 전개한 곳이기도 하다. 덕진진의 건물과 돈대 및 포대는 바로 신미양요 때 파괴되었다. 덕진진의 성문루인 공해루(控海樓)도 모두 소실되어 홍예문만 남아 있었던 것을 1976년부터 1977년까지 복원하고 성곽 일부도 수리하는 한편 덕진돈대

• 덕진진 부근 조감도(2006. 4). 위 왼쪽 건물이 덕진진 공조루, 위 가운데가 남장포대, 그 오른쪽이 덕진돈대. 오른쪽 아래에 포대가 있었던 곳이다. 전적지 경내에 최근에 신축된 민간 한옥이 보인다.

도 복원했다. 덕진돈대는 방형의 작은 성곽으로 서북쪽에 네모난 문이 있다.

(4) 경고비(警告碑)

덕진돈대의 해안 절벽에는 '해문방수타국선신물과(海門防守他國船愼勿過)' 비가 세워져있다. 이 비는 위정척사사상을 가지고 있는 흥선대원군이 조·미전쟁 직후 쇄국양이정책을 더욱 강화하여 전국 각지에 척화비(斥和碑)를 세워, 양이와의 화친은 매국이요 망국행

• 덕진돈대(후면)와 '경고비'(크기 147× 55cm, 두께 28cm, 1867년 건립)

위라고 경계하였다. 1867년 해협 입구에 세워진 외국배의 항행을 금지하는 경고비(警告碑)이다.

남장포대는 강화 9개소 포대 가운데 가장 큰 포대이다. 아울러 덕진진에 소속된 남장포대도 보수했는데 포좌가 15문에 달한다. 지도에서 보는 것처럼 굴포언(堀浦堰)쪽으로 4문짜리 포대 2좌가 있었는데 지금은 포좌의 흔적을 찾지 못하였다.

(5) 초지진(草芝鎭)

초지진은 1976년 신미양요 때 모두 파괴되고 돈대 위에 여장(女墻)만 일부 남아 있던 것을 1977년 강화 전적지 보수정화 사업의 일환으로 복원한 것이다. 사적 제225호. 길상면 초지리 624번지에 있다. 효종 7년(1656) 안산에서 이곳으로 옮겨진 것이다. 조선은 임진왜란과 병자호란을 겪은 뒤 국방을 튼튼히 하는 차원에서 강화에 천험한 요새를 구축하기 시작했다. 강화도 해변에 8개소의 진을 설치한 것도 이러한 정책의 일부분 이었다.

초지진에는 초지돈, 장자평돈, 섬암돈이 소속되어 있는데, 이 돈대들은 숙종 5년(1679) 함경도, 강원도, 황해도의 승군 8천 명과 어영군 4천3백 명을 동원하여 40일 동안에 걸쳐 49개의 돈대를 축성할 때 함께 축조한 것이다. 이때 9개소의 포대도 축조되었는데 초지진 남쪽 진남포대에는 대포 12문이 설치되었고, 초지진 앞의 황산포대에도 대포 6문이 설치되었었다.

초지진은 간신히 남아 있던 돈대의 터와 성의 기초 위에 1977년의 초지돈대를 복원하고 대포 1문을 포각 속에 전시했다. 이 돈대의 성체에는 3좌의 포좌(砲座)가 있고 100여 개의 총구가 있다. 높이가 4m 정도에 긴축이 100m 쯤 되는 타원형으로 된 작은 돈대이다. 초지돈대의 여장 옆의 소나무에는 신미양요 때의 전투를 말해 주는 포탄 흔적이 그대로 남아 있다. 초지돈대와 연결되

• 초지돈대의 성문에서 바라 본 포각(砲閣)

• 초지진(왼쪽 아래)에서 연결되는 강화외성(오른쪽) 위에 식당과 주택 들어 들어서 있다.(2006.4)

는 강화외성에는 식당가와 주택들이 들어서 있어 대외항전 유적으로서의 역사적 가치를 떨어뜨리고 있다.

2) 보(堡)

(1) 승천보(昇天堡)

승천보는 강화군 송해면 당산리 397, 399번지 일대 승천포(昇天浦)

부근에 있었던 보(堡)이다. 고려 고종사적비 뒤쪽 구릉에 조선시대 승천보가 있었을 것으로 추정되고 있다.

숙종 16년(1690) 9월 12일에 "우의정 김덕원·훈련대장 이집이 강도에서 돌아와 청대하니 임금이 소견하여 성을 쌓을 곳의 형세를 물었다. 김덕원이 말하기를 '돌로 쌓으면, 넓이가 매우 넓어서 쌓기가 어렵거니와 지키기도 어려울 것입니다. 부성으로 말하면 쌓기가 좋기는 하나 밖을 쌓지 않고서 안을 쌓으면 그 천잠을 잃을 것이니, 또한 어떻게 지키겠습니까? 승천보부터 초지수까지는 매우 좁아서 건너기 쉽고, 또 물길이 전보다 크게 바뀌어 다 배를 댈 수 있으므로 이것은 반드시 다투는 곳이 될 것이니, 먼저 이곳을 쌓는 것이 좋은 계책일 듯합니다.'하니, 임금이 말하기를, '그 사이의 도리(거리)가 얼마나 되는가?'하였다.

김덕원이 말하기를, '서로 40여 리 떨어져서 도리가 자못 멉니다. 석성을 쌓는다면 허다한 물력을 써야 하겠으나, 바닷가는 흙의 성질이 매우 단단하므로 흙을 가져다가 성을 쌓으면 공력을 덜 수 있고 단단하기는 돌보다 나을 것입니다.'하고, 이집이 강화의 지도를 바치고 이어서 말하기를, '고려 때의 토성 터가 아직 남아 있는데, 돌보다 단단하여 대포라도 깰 수 없습니다.'하고, 김덕원이 지도를 가리키며 형세의 편부와 도리의 원근을 자못 상세하게 아뢰니, 임금이 말하기를, '고려 고종이 40여 년 동안 강도에 들어가 토성으로 적병을 방비할 수 있었으니, 이것을 쌓는 일은 단연코 그만 둘 수 없겠고, 병자년에 부성이 있었다면 함몰되지는 않았을 것이니, 내성도 없어서는 안되겠다.'고 하였다."

 이 기록에 의하면, 강화외성은 강화도 해협의 동쪽 연안의 승천보에서 초지수(草芝水)까지 축성되었음을 알 수 있다. 승천보는 석우돈대와 소우돈대의 중간 지점에 위치하고 있고, 초지수는 곧, 초지진을 일컫는다.

(2) 광성보(廣城堡)

 광성보는 불은면 덕성리 21의 1번지에 있다. 사적 제227호. 이곳은 자연 지형이 염하 어귀를 지키는 천험한 요새로 되어 있기 때문에 일찍이 고려 외성의 중요한 요새 구실을 했다.

 광성보는 강화에 여러 진이 설치되기 시작한 효종 7년(1656)에 설치되었는데, 1679년 돈대를 쌓을 때 이 보에 딸린 화도돈, 오두돈, 광

• 광성보 안해루(按海樓)

성돈이 함께 축조되었다. 광해군 때인 1618년 강화외성을 수축했고 18세기에는 석성으로 개축했다.

광성보는 1871년 4월 23일부터 4월 24일까지 미국과 48시간에 걸쳐 사투를 벌인 격전지로도 유명하다. 이때 전사한 어재연(魚在淵)장군 전적비와 200여 명의 순국 영령들을 기리기 위한 신미순의총(新未殉義塚)이 광성보에 있다.

광성돈대는 반원형의 매우 아름다운 작은 성으로 광성보에 딸린 별개의 돈대이다. 손돌목돈 원형으로 된 돈대이다.

광성보에는 안해루(按海樓)라는 문루가 있었는데 신미양요 때 전화를 입어 없어진 것을 광성돈과 함께 1977년 복원하였다. 광성돈대 안에는 대포 3문이 복원되었다. 이때 덕진진 소속인 용두포대를 광성보 경내에 포함시켜 보수 정화했다.

용두돈대는 마치 용처럼 쭉 뻗어나온 능선을 이용해서 해안 끝머리 벼랑 위에 조그마한 타원형의 돈대를 마련하였다. 그 아름다움은 강화 돈대 53좌 가운데 으뜸이다.

3) 돈(墩)

(1) 택지돈(宅只墩)

길상면 선두리 954번지에 있다. 1995년 인천시 유형문화재 제33호. 숙종 5년(1679) 축조한 돈대들 가운데 하나이다. 택지돈과 동검북돈, 후애돈대는 선두보(船頭堡)에서 관할했다. 화강암으로 축조한 정사각형의 돈대로 4개의 포좌와 37개의 치첩(雉堞: 성벽에서 돌출시켜서 쌓은 성벽 위에 첩을 둘러침)이 설치되었는데, 형태만이 보존되어 있던 것을 장곶돈과 함께 1993년에 일부 복원하였다.

(2) 장곶돈(長串墩)

장곶돈대는 화도면 장화리 산 113번지에 있다. 1995년 인천시 기념물 제19호. 이 돈대 역시 숙종 5년(1679)에 세워졌는데 약 40cm에서 120cm의 네모난 돌을 둥글게 원형으로 쌓았고 그 위에 전(塼)벽돌로 치첩(稚堞)을 두른 흔적이 있다. 해안 쪽으로 4개의 포좌를 설치했는데 높이 3m, 포좌의 지름이 사방 45cm이며 포좌 내부는 너비 18cm, 길이 24cm이다. 이 장곶돈과 미곶돈, 북일곶돈, 검암돈은 장곶보에 소속되어 있었다. 강화군은 1993년에 택지돈과 함께 돈대 일부를 복원하였다.

(3) 계룡돈(鷄龍燉)

내가면 황청리 282번지에 있다. 1995년 인천시 기념물 제22호. 역시 숙종 5년(1679)에 축조된 돈대의 하나로 주위에 치첩이 33개가 있다. 동벽 남쪽 석축 하단에 다음과 같은 축성 기명(記銘)이 현존한다.

康熙十八年四月日慶尙道軍威禦
營 (강희18년4월일 경상도군위어영)

강희 18년은 숙종 5년(1679)이다. 이

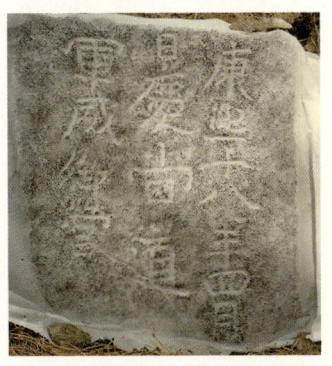

• 계룡돈대 축성기(1679) 탁본(저자 소장)

해 4월에 경상도 군위 어영군의 축조물로서 강화의 53개 돈대 가운데 유일하게 축성 연대가 표시된 것이다.

이 돈대는 황청리 앞 들판 끝 서해안의 작은 섬처럼 생긴 동산에 설치되었는데 화강암으로 축조한 길이 30m, 너비 20m의 장방형 돈대로 3면은 석축으로 되어 있고 해변을 향해서 정면으로 외적을 볼 수 있도록 되어 있다. 현재는 북면만이 원형을 보존하고 있고 동서남 3면은 많이 파괴되어 토축만이 남아 있다. 현재 돈대의 석축 높이는 3m에서 5m이다. 계룡돈대와 망월돈대는 영문에서 관할했었다.

(4) 망월돈(望月墩)과 장성(長城)

하점면 망월리에 있다. 이 돈대 역시 숙종 5년(1679)에 축조된 돈대 가운데 하나로 망월리 해변가의 방파제와 연결되어 있다. 망월돈과 함께 장성을 쌓았는데 장성은 고려 고종 18년(1231) 몽골이 내습하자 19년(1232) 강화도로 천도하면서 강화 해안을 따라 긴 토성을 쌓아 만든 외성이다. 조선조 광해군 10년(1618)에 무찰사 심돈이 수축하였으며 영조 21년(1745)에 유수 김시혁이 개축하였다. 북쪽으로 무태돈까지 장성으로 이어져 일명 만리장성이라고 한다.

(5) 건평돈(乾坪墩)

조선 숙종 5년(1679)에 축조한 여러 돈대 중의 하나이다. 양도면 건평리 산39번지 소재. 인천시기념물 제38호. 건평돈대는 정포보(井浦堡) 소속으로 육조에 올리는 조운(漕運)의 감시소와 국토방위의 임무를 겸해서 수행하였다. 서해에 면한 절벽 위에 가로 36m 세로 26m의 장방형 돈대이다. 4좌의 포좌가 있고 성벽 위에는 여장의 하부 흔적이 남아 있다. 최근에 인천시립박물관이 돈대를 정비 발굴하면서 4호 포좌 바닥에서 불랑기(佛狼機) 모

● 건평돈대 발굴 현장(2017.4)

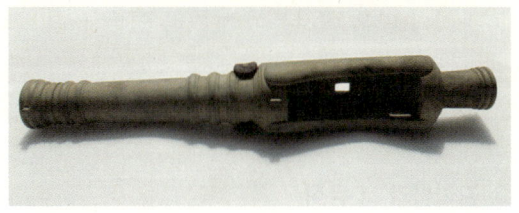

● 건평돈대에서 발굴된 강희(康熙) 19년(1680)명 청동제 불랑기 모포(크기 105cm, 무게 60kg)

포(母砲) 1문(門)이 출토되었다. 불랑기는 모포와 후장식(後裝式)인 자포(子砲)로 구성돼 있다. 1592년 명나라에서 폴투칼제 무기를 수입하여 자체 개발한 무기이다. 불랑기는 폴투칼을 의역한 말이다. 이 불랑기는 강화도의 53좌 돈대 중에서 유일하게 출토된 대포이다. 불랑기의 배면에 제작연월과 제작기관 감관(監官) 장인(匠人) 등이 새겨져 있다. 명문에 보이는 강희(康熙) 19년은 숙종 6년(1680)이다.

(6) 화도돈(華道墩)

강화도 불은면 남성리 소재. 이 돈대는 염하 해안가에 비교적 평지성 대지 위에 기초는 잘 남아 있으나 방형에 가까운 돈대의 석축은 완

• 불은면 남성리 화도돈대의 잔해(2016)

파된 것을 2002년에 발굴하였다. 이 돈대의 기저부만 일부 정비되었고 상부는 미완의 상태이다. 주변의 생활환경이 사적 보존관리에 많은 어려움이 드러나 있는 유적 중에 하나이다.

3. 강화학과 그 유적

1) 강화학파(江華學派)

강화학파는 조선후기에 강화도에서 출발하여 형성된 학파를 가리킨다. 하곡(霞谷) 정제두(鄭齊斗; 1649~1736)가 하곡(현 인천광역시 강화군 양도면 하일리)에 자리잡고 강학에 몰두하였을 때부터 학파가 이루어졌으며 주로 자식과 사위·조카·손자로 이어지는 혈연 및 혼인관계를 통해 계승되었다.

강화학파에 속하는 학자들의 업적은 학문 전 분야에 걸쳐 있으나 특히 경학과 사학, 어학 분야에서 두드러진 성과를 남겼다.

양명학의 초체는 치양지(致良知), 지행합일(知行合一), 친민(親民) 설로 요약된다. 치양지란 본연으로 고유한 앎, 즉 즉 양지를 완성한다는 것이다. 스스로의 노력에 의해 마음속에서 사물의 이치를 이해한다는 것이다. 양지는 형이상과 형이하를 아우르는 일체로 이해된다. 형이상학적으로 파악되는 동시에 현실적인 인간의 성정을 포괄하는 것이다. 지행합일은 문자 그대로 알면 곧 행동하는 것이니 그것이야말로 진정한 앎이라 하였다. 친민이란 민중을 친하게 여기는 것인데 곧 내 마음을 밝히는 것이라 하였다. 나 자신에게 고유한 양지가 있는 것처럼 나 외의 인간 모두에게도 그 같은 양지가 있으므로 나와 인민, 나와 외물의 차이가 없고 나 자신을 밝히는 것은 곧 사회 전체의 변화와도 연결된다는 것이다.

강화학은 가학(家學)으로 계승되었으나, 여기서 '가학'이란 진리를 스스로 모색하는 '전내실기'의 학문태도를 가리키는 것이지 양명학 혹은 주자학이라는 이론의 계승이 아니었다. 실제 중국의 주희나 왕양명도 각각 내세운 주장은 달랐지만 기존 학설을 그대로 따르지 않고 자기 스스로 진리를 추구하려는 정신자세에 있어서는 다를 바 없었다. 이러한 학문태도와 마음가짐이야말로 강화학파의 가장 큰 특징이었고 그것이 바로 실학이었다. 이 전통이 이어져 19세기 말 20세기 초 외세에 의해 국권을 침탈당하고 자기 역사에 대한 깊은 관심을 바탕으로 새로운 방향을 모색하던 시기에 강화학 계열의 학자들이 그러한 사상적 움직임을 이끌어 갈 수 있었던 것이다.

강화학은 일체의 허학에 반대하였다. 도학이 도학으로서의 순기능을 하지 못하고 당론에 이용당하자 도학을 비판하였고, 양명학이 방종으로 흐를 우려가 있자 양명학을 비판하였다. 그것은 나름대로 다양하게 변화하는 과정에서 비교적 안정된 연계성을 내재하고 있었다. 강화학은 실심(實心), 곧 자기의 진실된 마음에서 인간에 대한 주체적 인식에 도달하고 올바른 삶을 살아나갈 것을 주장하였다. 강화학의 학인과 문인은 양명학을 바탕으로 하되 주자학적인 인식론을 재수용하거나 한학(漢學: 청대의 고증학적 경향)의 실증적 학풍을 도입하였고, 유학의 사유 틀에만 머물지 않고 도교와 불교까지 섭수(攝受)하였다. 그들은 각각의 성향과 시대적 요구에 대응하여 외형적으로는 다른 모습을 띠었지만, 내면을 닦는데 힘쓰고 자기를 충실히 할 것을 강조하고 그 학문을 실학이라고 했다.

2) 정제두와 묘소

소위 강화학파의 창시자인 정제두(1649~1736)는 본관이 영일(迎日)이며, 자는 사앙(士仰), 호는 하곡(霞谷)이다. 서울에서 출생하였고 어려서는 이상익에게 배웠으며 탕평책을 처음 제안한 서인 산림학자 박세채 문하에서 공부하였고 소론의 영수 윤증에게도 배웠다.

정제두는 조선 양명학의 선구로 알려진 최명길과 장유의 학문을 이해하고 있었으며, 서인 계열의 학자들 중에서도 성혼 계통과 연관되어 있다. 양명학은 조선에 수입된 이후 지역적으로는 경기 지방을 중심으로 전파되었고, 학맥으로는 소위 '주기파'로 분류되는 서경덕 계나 성혼, 이이 계통에 속하던 학자들 가운데 그 수용자가 많았다.

정제두 묘역은 양도면 하일리 62-5전지 길 바로 옆에 있으며 인천기념물 제56호로 지정되었다. 아버지 정상징 묘역 바로 위에 있다. 묘역은 활개 없이 용미만 길게 있고 그 앞에 원형봉분이 있다. 봉분 앞에는 혼유석·상석·향로석이 있다. 상석은 계체석을 좌우로 하고 그 중간에 놓여 있는데, 큰 받침돌을 놓고 그 위에 상석을 놓았다. 향로석 앞부분은 파손된 상태이다. 하계 부분에는 좌우에 민무늬로 된 상단에 띠를 2개 두른 망주석과 금관조복에 양관을 한 문인석이 있다.

신도비는 상석 좌측에 전면을 향해 있다. 화강암으로 만든 직사각형의 대석, 월두형의 비신으로 되어있다. 비의 전면에는 "조선의정부우찬성겸세자이사성균관좨주시문강공정선생제두지묘"라 새겨져 있다. 뒷면 비제는 "조선고우찬성문강공정선생신도표"라 하였다. 이 비는 "금상삼년팔월일립"이라 한 것으로 보아 순조 3년(1802)에 세워진 것으로 보이며, 제자요 손시인 신대우가 찬하고, 달성인 서영보가 글씨를 썼다.

아버지 정상징의 묘는 정제두 묘의 바로 앞에 있다. 정경부인 한산이씨와 합장묘로 활개 없이 용미만 있다. 원형봉분 앞에는 혼유석·상석·향로석이 있다. 비문은 1704년(숙종 30)에 아들 정제두가 썼다.

3) 이건창 생가

강화학파의 계승자인 이건창의 생가는 화도면 사기리 167-3번지에 위치하고 있으며, 인천시 기념물 제30호로 지정되어 있다. 이건창은 조선후기의 문신이자 대문장가로 본관은 전주, 자는 봉조(鳳朝)이고 호는 영재(寧齋)이다. 이조판서 시원(是遠)의 손자이며, 증이조참판 상학(象學)의 아들이다. 출생지는 개성이지만 선대부터 강화에 살았다.

1986년에는 해주관찰사에 제수되었으나 극구 사양하다가 마침내 고

• 이건창 생가 명미당(明美堂)

군산도(古群山島)로 유배되었다가 2개월이 지난 뒤에 풀려났다. 그 후 이건창은 향리인 강화로 내려와서 47세로 세상을 떠났다.

이건창의 생가는 자연석 기단 위에 주춧돌을 놓고 3량 가구로 몸체를 짠 경기 지방의 전형적인 한옥의 구조로, 안채는 9칸 규모의 ㄱ자 형태로 되어 있으며, 당호를 명미당(明美堂)이라고 하였다. 묘소는 강화군 양도면 건평리 655-1번지에 있으며 인천시 기념물 제29호로 지정되었다. 생가 앞에는 천연기념물 제79호인 사기리 탱자나무 숲이 있다.

4. 병인양요(丙寅洋擾)와 대불항전(對佛抗戰) 전적지

1) 프랑스 함대의 내침(來侵)

　19세기 중엽 철종 때부터 천주교가 국내에 들어와 선교활동을 벌이기 시작하면서 고종 초에는 신도가 무려 2만 명이 넘었다고 한다. 조선 정부는 천주교를 조선의 유교 전통에 반하는 서양의 사교를 퍼트려 국시(國是)를 문란케 한다고 하여 천주교를 용인하지 않았다. 이 무렵 1866년 8월 미국 상선이 평양까지 침입하는 변란이 발생하고 중국 청나라에서 천주교를 탄압하자 조선 정부는 서양의 침입을 경계하는 배외(排外) 정책을 내세우게 되었다. 마침내 서양세력이 전파되는 것을 천주교의 국내 선교활동에서 비롯되었다고 믿고 이의 활동을 금지시키기에 이르렀다. 그 첫 번째 대 탄압이 바로 국내에서 선교 활동하던 9명의 프랑스 선교사와 수많은 조선인 신도들을 처형하는 사건이다. 이를 병인사옥(丙寅邪獄)이라고 한다.

이때 살아남은 3명의 프랑스 신부 중의 리델(F.Ridel, 李福明, 1830~1884)이 1866년 7월 조선을 탈출하여 중국의 천진(天津)에 주둔하고 있던 프랑스 극동함대 사령관 로즈(P.G Roze, 魯勢) 제독에게 달려가 이 사실을 보고하면서 그 대응조치(對應措置)를 요청한다. 이에 조선과의 통상을 바라고 있던 프랑스는 선교사 살해의 책임을 묻는다는 구실로 군함을 파견 응징하고 조선의 문호를 개방하게 하려고 시도하였다.

강화도에 첫 발을 내디딘 이는 프랑스 선교사 리델 신부였다. 그러나 그의 목적은 선교가 목적이 아닌 프랑스 군인들이 조선 침략의 목적으로 병인년 10월 강화도를 점령할 당시 그들의 통역과 뱃길의 안내자로서의 역할을 수행하기 위해서였다.

로즈 제독의 제1차 원정은 9월 18일이다. 중국 산동 연대시 즈푸(芝罘) 항을 떠난 3척의 프랑스 함대는 리델 신부와 모국을 탈출한 조선인 천주교도 최선일(崔善一), 최인서(崔仁瑞), 심순녀(沈順汝)의 향도(嚮導)로 9월 21일 서해 영종도 근해에 침입하였다. 강화해협을 중심으로 한 수도 서울까지의 수로를 탐사하기 위한 예비탐사로 10월 1일까지

● 프랑스 함대 모함이 정박했던 중국 산동성 연대시(煙台市) 즈프(芝罘)항의 원경(2009. 8.17, 저자 촬영)

지세 정찰과 수로 탐사를 한 뒤 지도 3장을 만들어 돌아갔다.

같은 해(1886) 10월 11일 로즈 제독은 군함 7척에 대포 10문과 병력 1,000여 명으로 원정부대를 편성하여 즈프(芝罘)항을 출발, 제2차 조선 원정에 올랐다. 이때도 리델 신부와 조선인 수로안내인 최선일, 최인서, 심순녀 3명을 앞세우고 10월 12일 인천 앞바다에서 도착하였다. 14일 강화해협을 거쳐 갑곶나루에 침입하고 정오에 제물진(濟物鎭)에 상륙하였다. 10월 16일 강화부를 점령, "우리(프랑스 군대)는 자비로운 황제의 명령을 받들고, 우리 동포형제를 학살한 자를 처벌하러 고조선에 왔다."라는 포고문을 발표하면서 강경한 응징 보복(報復)의 결의를 밝혔다.

먼저 로즈는 10월 26일 프랑스 군 약 120명을 데리고 문수산성(文殊山城)을 정찰하려다 미리 잠복, 대기 중인 조선 군관 한성근(韓聖根) 소부대에게 27명이 사상되는 등 처음으로 막대한 인명손실을 입었다. 이로부터 민가·군영을 가리지 않고 무차별 포격을 가했다.

11월 7일 프랑스 해병 160명은 올리비에(Olivier) 대령의 지휘로 전등사(傳燈寺)에 『조선왕조실록』과 조선왕실 선원보가 보관돼있는 정족산성(鼎足山城)을 공략하려다가 잠복·대기 중인 천총 양헌수(梁憲洙) 장

- 1886년 10월 14일 갑곶나루에 정박하고 있는 프랑스 함대(프랑스 종군사관 H.쥐베르의 스케치, 리델 신부의 「병인양요보고서」 3, 한국일보,1993.9.24)

- 프랑스 함대가 1866년 10월 26일 강화 해협에서 문수산성을 포격하는 장면(종군사관 H.쥐베르의 스케치, 리델 신부의 「병인양요보고서」 3, 한국일보, 1993.9.22)

• 전등사 동문 계곡 대불항전(對佛抗戰) 전적지

군이 이끄는 500명 사수들에게 일제히 사격을 받아 사망 6명(조선측 집계), 부상 30여 명의 손실을 입고 간신히 강화부 쪽으로 패주 강화부에 잔류하고 있던 본대와 합류하였다.

프랑스 군은 1개월 동안 점거한 강화부를 퇴각하기에 앞서 11월 10일 강화부 관아(官衙)와 창고에서 당시 프랑스 화폐로 20만 프랑에 달하는 19상자의 은괴(銀塊)를 비롯하여 무기류와 군수품류 그리고 외규장각(外奎章閣)에 소장된 주요 문서 및 의궤(儀軌)와 서적류 등 다량의 보물을 약탈 노획하고 나서 장녕전(長寧殿), 외규장각, 강화부 관아와 창고, 강화성 문루 심지어 수백호 민가 등 모든 건물에 불을 질러 초토화 퇴각하였다. 이를 두고 천인공노(天人共怒)할 보복이라고 하였다.

2) 대불항전(對佛抗戰) 전적지와 삼랑성 동문 밖

전등사 동문 계곡은 프랑스 군을 물리친 전적지이다. 그러나 항불(抗佛) 전적지인 전등사 동문 계곡은 지금은 메워져서 주차장으로 쓰고 있고, 전등사 동문 밖에는 최근에 '템플 스테이'를 위한 '음식체험관' 시설이 신축돼 개관 준비 중에 있다.

조선 고종 3년(1866) 10월, 조선 정부의 천주교 탄압을 구실삼아 프랑스 극동함대 소속 군함 7척이 강화도로 침입하였다. 10월 7일 전등

• 국가사적 제130호인 삼랑성 동문 밖에서 '템플 스테이'시설 건축공사가 진행되고 있다. 100m 이내의 원지형 보존 구역이 '개별 심의 구역'으로 바뀌었다.(2015. 1) 전면에 보이는 삼랑성의 토축 기저부에 세워진 사적안내판이 무색하다.

• 국가사적 제130호 삼랑성 동문 밖 풍경.(2017. 4) 최근에 신축된 대소 10여 동의 기와집 건물들이 '템플 스테이'의 음식체험관 시설이라기보다는 어느 '시영여사(市營旅舍)'같다.

사를 공격한다는 첩보를 받은 순무천총(巡撫千摠) 양헌수 장군은 강계 포수 500여 명을 전등사 동문(東門) 계곡에 매복케 하였다가 프랑스 군의 공격을 받았으나 잘 물리쳤다.

11월 7일 프랑스 해병 160명은 올리비에(Olivier) 대령의 지휘로 『조선왕조실록』과 조선 선원보가 소장돼 있는 전등사를 대포로 공격하였는데, 프랑스 군은 정족산성(鼎足山城)에 잠복·대기 중인 양헌수 장군의 지휘 아래 초관 17명, 경초군 121명, 표하군 38명, 포수 367명 등 540여 명의 군민들에 의하여 일제히 사격을 받아 프랑스 군이 사망 6명, 부상 30여 명의 손실을 입고 간신히 갑곶으로 패주하였다. 정족산성에서의 참패는 프랑스 군의 사기를 크게 저하시켜 로즈 제독도 조선 침공의 무모함을 깨닫고 철수를 결정하였다.

1866년 병인양요 때 프랑스 군을 물리쳐 승리한 양헌수 장군의 공적을 기리는 비를 고종 10년(1873)에 전등사 동문 안에 세웠다. 앞면에는 "순무천총양공헌수승전비(巡撫千摠梁公憲洙勝戰碑)"라고 새겨져 있다. 뒷면에는 양헌수 장군이 프랑스 군대를 맞이하여 활약한 당시의 상황을 상세히 기록하고 있다. 인천시 기념물 제36호이다.

3) 조국수호의 성지와 프랑스 함대의 조선인 향도(嚮導)

갑곶 제물진에는 어변청(禦邊廳)과 금위영(禁衛營), 갑창(甲倉) 등이 조성되었다. 19세기 고종 때 그려진 고지도를 보면 진해루 안에 한옥 건물이 그려져 있고 '禦邊廳'이라 옥호가 적혀있다.

어변청은 고종 5년(1868)에 세워졌고 1893년 9월에 통제영학당(統制

營學堂)으로 사용하고 영국인 해군 예비역 대위 1인, 하사관 1인, 영어 교관 1인 등을 초빙하여 160명의 생도에게 군사교육과 포술 및 영어를 가르쳤다. 이곳이 바로 오늘날의 해군사관학교의 전신이다. 이듬해 (1894) 청일전쟁에 승리한 일본의 간섭으로 그 해 11월에 폐교된다. 통제영학당지는 2001년 4월 인천시 기념물 제49호로 지정되어 있으나 토지소유주가 인천 천주교구로 바뀌면서 아무런 사적 표시도 없다.

그 뿐만 아니라 천주교인천교구 갑곶성당(2009)과 인천교구 52주년 기념 영성센터(2011)가 신축되었는데, 사방 100m이내에 갑곶돈대(사적 제306호)와 강화외성(사적 제452호)이, 그리고 갑곶나루 선척장 석축로(인천시 기념물 제25호)와 통제영학당지(인천시 기념물 제49호), 강화 관문 진해루지(鎭海樓址)가 있는 '강화제일(江華弟一)'의 역사유적지이다. 이 지역은 현재 문화재영향검토구역의 1구역(100m 이내)으로 '원지형 보존'구역이다.

1866년 프랑스 함대가 조선을 침략할 때 리델(Ridel) 신부와 조선인 천주교도 최선일(崔善一), 최인서(崔仁瑞), 심순녀(沈順女)를 앞세워 강화도를 침공하였다. 조선을 침략할 때 프랑스 함대의 향도(向導) 역할을 하다가 처형당한 조선인 천주교도들은 천주교의 입장에서는 '성자(聖者)'일지 모르지만 조선 정부의 입장에서는 조국(祖國)을 배반한 '역도(逆徒)'이다. 프랑스 군대가 불법으로 조선을 침공한 병인양요의 발발지(勃發地)인 갑곶돈대(제물진 소속) 일대가 천주교 인천교구 50주년 기념성당(4층)과 '갑곶 순교성지'로 둔갑(遁甲)한 것은 역사의 아이러니(Irony)이다.

● 1849년 6월 철종봉영(哲宗奉迎)을 위해 강화도 갑곶나루에 도착한 봉영단의 강화도행열도(19세기, 견본채색, 149×434m, 12폭병풍, 평양 조선미술박물관 소장)의 제물진 갑곶돈대(왼쪽)와 진해루(중앙)와 어변청(진해루 뒤).

● 천주교의 '성지화'가 되기 전의 갑곶나루 부근 조감도.(2006. 4) 구 강화대교 왼쪽이 제물진 갑곶돈대, 해안가 위에 진해루지가 있고, 그 뒤쪽이 최초의 해군사관학교 구지인 어변청지(통제영학당지)이다.

- 국가사적 제306호인 갑곶돈대(306호)와 사적 제452호인 강화외성으로부터 100m 이내의 원지형 보존 구역에 최근 근거불명의 '순교묘지'가 조성되었다.

- 최근에 사적 제306호인 갑곶돈대(왼쪽)와 사적 제452호 강화외성(아래)에서 100m 이내의 원지형 보존 구역에 성모상을 세웠다. 강화외성 위에는 최근에 인천도시가스의 대형가스관을 가설하였다.

4) 병인양요의 후과(後果)

우리는 중요한 것을 잊고 있다. 2016년이 한불수교가 130주년이었다는 것만을 알고 있다. 그러나 프랑스 함대가 조선을 침략하여 강화성을 초토화시킨 지 150주년이 되는 해라는 것은 잊고 있다.

1866년 병인양요 당시 프랑스의 로즈 제독이 이끄는 프랑스 함대의 군인들이 10월 16일 강화도 갑곶나루에 상륙한 뒤 강화성을 점령하였다.

프랑스 군은 강화 성내에서 민가를 약탈하는 한편 관아를 습격하여 전리품을 챙기고 퇴각하면서 장녕전(長寧殿) 외규장각(外奎章閣) 등 모든 관아에 불을 지르고 강화성을 초토화시켰다.

이때 강화도에 거주하고 있던 77세의 고령인 전 판서 이시원(李是遠)은 그의 동생 전 김포군수 지원(止遠)과 함께 음독자살하였고 유생 김왈후(金曰厚)도 자결하였다.

프랑스 군은 1개월 동안 점거한 강화성을 철수하면서 11월 10일 행궁과 강화유수부의 부속건물들을 수색하여 은괴(銀塊) 19상자를 비롯하여 중요 문서, 서적류, 대포, 화약, 활, 화살, 칼 등과 같은 무기류와 갑옷, 투구 등 다량의 군수품들을 약탈했다. 원래 규장외각에 소장되어 있다가 파리국립도서관에 소장되어 있는 우리 서적은 모두 191종 297책이나 된다. 프랑스 파리로 강탈해 갔던 중요 문서와 서적류가 파리국립도서관에 소장되어 오다가 2012년 4월, 297권 모두 환수되었다. 장한 일이다.

환수도 좋지만 진작 가지고 있는 것들을 잘 지켜야 한다. 중앙정부든 지방정부든 문화재만큼은 완화(緩和) 개발하는 것보다 강화(强化)

보존하는 것이 십이만번 옳은 일이다.

• 2012년 4월 14일 경복궁 근정전 앞에서 조선의궤(儀軌) 환수식 장면 (사진: 문화재청)

5. 신미양요

1) 미국 함대의 내침

　1966년 8월 미국 아시아함대 제너럴 셔먼(General Sherman)호가 대동강에 불법으로 들어왔다가 선원이 전멸하고 배가 불타 버린 사건이 발생하였다. 미국은 셔먼호 사건에 대한 보복과 통교를 위해 조선 정부에 개항을 요구하기 위해 1871년 5월 조선 원정을 결정하였다. 미국이 일으킨 이 침략 행위를 신미양요라고 한다.
　1871년 6월 1일 미국 제너럴 셔먼호는 강화해협의 탐측 항행을 강행하였다. 함대가 손돌목〔孫乭項〕에 이르자 연안 강화포대로부터 기습 공격을 받아 조·미간에 최초로 군사적 충돌사건이 벌어졌다. 이를 '손돌목 포격사건'이라 한다.

강화해협 탐사를 마친 미군은 6월 10일 함포사격으로 초지진을 완전 초토화시키고 초지진을 점거한 다음 초지진 진영과 무기고, 창고, 부속 건물들을 모조리 불태워 버리고 조선군의 대포와 각종 무기류를 탈취하여 초지진 앞 바다에 수장시켰다.

6월 11일에는 덕진진(德津鎭)을 무혈 점거하였다. 이어서 광성보(廣城堡)를 공격하였다. 광성보에는 진무중군 어재연(魚在淵) 장군이 이끄는 조선 수비병 600여 명이 배치되어 있었다. 이 전투에서 미군은 전사자 3명, 부상자 10명이었고, 조선군은 전사자 350명, 부상자 20명이었다. 미군은 광성보를 점거하고 각종 화기류·전적류와 '수자기(帥字旗)'를 탈취 노획하고 6월 12일 광성보를 퇴각하면서 광성보 일대의 모든 축성 구조물을 파괴하였다. 광성보가 함락당하고 어재연 장군 이하 전 수비군이 전사하는 참극을 당하였다. 광성보에는 어재연 장군 전적비와 전몰장병의 신미순의총(辛未殉義塚)이 있다.

2) 진무중군 어재연(魚在淵) 장군과 '수자기(帥字旗)'

어재연(魚在淵:1823~1871) 장군은 광성보(廣城堡)를 본진으로 하여 이 '수자기(帥字旗)'를 걸고 미 해군 병력 650여 명과 싸웠던 역사적 인물이다.

미국 애나폴리스의 해군사관학교 박물관에 소장되어 있었던 '어재연 장군 수자기'는 문화재청의 노력으로 2007년 6월 말에 '수자기'를

• 어재연 장군 수자기(帥字旗), 가로 4.15m,
세로 4.35m (사진: 강화전쟁박물관)

10년에 걸쳐 한국에 장기대여해주기로 결정했다는 답변을 듣게 되었다. 신미양요 당시 빼앗겼던 '수자기'는 136년 만에 귀환할 수 있었다. 10월 15일과 16일, 양측 입회하에 상태를 점검한 뒤 대여협정서에 서명하고, 18일 워싱턴에서 항공편으로 운송되어 19일 오후 5시경에 인천공항에 도착했다. 문화재청은 10월 22일 국립고궁박물관에서 '어재연 장군 수자기'를 대외에 공개하고 설명회를 가졌다. 2008년 3월 특별 전시를 열었고, 5월 이후 인천시립박물관으로 옮겨져 전시되다가 2009년부터는 강화전쟁박물관에서 전시·보관하고 있다. 수자기는 가로 4.13m, 세로 4.30m의 크기의 삼베 바탕에 검정광목으로 '帥'자를 오려서 꿰맸다.

6. 운양호사건

1) 일본의 조선 침입

  일본은 1875년(乙亥)에 고의로 운양호사건을 일으켜 결국 1876년(병자년) 굴욕적인 '강화도조약'을 체결했다. 운양호(雲揚號)는 5월 25일 부산에 입항한 후 동해안으로 북상, 영흥만(永興灣)까지 순항하면서 무력적 시위를 벌였다. 운양호는 남해안과 동해안을 탐측한 뒤 1875년 9월 20일 강화도 동남방 난지도(蘭芝島)에 정박하였다.

함장 이노우에(井上良馨) 이하 수십 명의 해병은 담수(淡水) 보급의 명목으로 보트에 분승, 해로를 탐측하면서 초지진(草芝鎭)으로 침입하였다. 강화 염하(鹽河) 해협을 방어하던 조선 수비병은 정당방위로 침입해오는 일본의 보트에 포격을 가하였다. 이노우에는 모함인 운양호로 철수하며, 초지진에 맹렬한 보복 포격을 가하였다. 오후에는 영종진(永宗鎭)에 보복 공격을 단행하였다. 일본군 수병 22명이 영종도에 상륙작전을 펼쳐 일대 격전이 벌어졌다. 그러나 화력이 약한 노후한 병기를 가진 조선 수비병은 근대식 대포와 소총을 휴대한 일본군에 대적할 수 없었다. 일본군은 조선군의 대포 36문, 화승총 130여 자루를 약탈하고, 영종진에 대한 살육·방화를 자행한 뒤 철수하였다. 이것이 운양호사건이다.

2) 강화도조약

일본은 자신들이 일으킨 운양호사건을 핑계로 이듬해 1876년(丙子) 1월 30일 재차 군함과 함께 전권대사를 조선에 보내 협상을 강요하였다. 1876년 2월 27일(고종 13년 음력 2월 3일) 일본의 강요로 조선과 일본 사이에 체결된 통상조약의 정식 명칭은 '조일수호조규(朝日修好條規)' 이다. 이는 '병자수호조약'이라고도 하고 '강화도조약'이라고도 한다. 근대 국제법의 토대 위에서 맺은 최초의 조약이지만 일본의 강압적인 불평등조약이다. 조선 점령의 시작이다.

강화도의 백성들은 앞서 있었던 두 차례의 외세 침입에 대항하여 나라를 구했다. 그러나 4년이 지나 1875년 일본 군함 운양호의 강화도 상륙을 막아내지 못했다. 그로부터 35년 뒤인 1910년 조선은 일본에 의해 강제 병합되고 나서 35년 후에 나라를 다시 찾았다. 강화도가 외적에 넘어가면서 우리나라가 무너졌다. 140년 전이다.

• 덕진돈대에서 바라본 운양호가 침입했던 초지진 해안의 평온한 병신년 세모(丙申年歲暮) 풍경

맺는 글
강화도의 역사 문화 개관

 구석기시대로부터 신석기시대를 거처 청동기시대에 이르는 시기의 유적과 유물이 발견되고 있는 점으로 미루어보아 강화도에서는 오래 전부터 인류가 살아 왔다는 사실을 알 수 있다. 내가면 오상리에서 구석기 유물과 함께 빗살무늬토기와 빗금무늬토기가 출토되고 있다고 하는 사실은 강화도에서 구석기시대로부터 신석기시대를 거쳐 청동기시대로 계속 이어져 오면서 인류가 살아왔다는 사실도 알 수 있다. 특히 청동기시대의 대표적인 유적인 고인돌무덤(支石墓)이 강화도 북부 일대에 집중적으로 분포하고 있다. 강화도 고인돌무덤은 땅 위에 사방으로 넓은 돌을 세워 탁자형태로 만든 다음 죽은 이를 안치하고 그 위에 넓은 돌을 덮는 이른바 북방식(혹칭 탁자식) 고인돌무덤이 유명하다. 강화도에는 저자가 1980년대부터 찾아내고 조사한 고인돌무덤이 근 100기에 이른다. 이를 토대로 2000년 11월에 '유네스코 세계문화유산'으로 등재되었다.
 이들 고인돌무덤은 고조선 시기에 강화도에 살던 사람들 가운데 수장(首長)과 같은 지배층 인물의 무덤으로 추정된다. 이는 당시 사회가 지금 우리가 알고 있는 것 이상으로 대단위 사회 조직을 구축하였을 것으로 추정된다.

강화도에는 우리나라의 개국 시조인 단군왕검이 쌓았다고 하는 참성단이 있다. 단군이 하늘에 제사를 지내기 위해 쌓은 참성단과 함께 단군의 세 아들이 전등산(정족산)에 삼랑성을 쌓았다고 하는 기록이 『고려사』 지리지에 보인다. 그 첫 번째 유적이 강화도 남쪽 마니산 정상에 있는 '참성단'이다. 참성단은 단군왕검이 하늘에 제사를 지내던 신성한 장소이다. 고대로부터 우리 민족은 어려운 일에 처할 때마다 참성단에 올라 하늘에 제사를 올리며 민족의 안녕을 기원했다. 또 외적이나 천재지변에 맞서 싸우고 견딜 수 있는 정신과 힘을 받아 이를 실행에 옮겼다. 지금도 개천절이 되면 어김없이 이곳에서 하늘에 제사를 지낸다. 마니산 꼭대기에 있는 참성단을 오르기 전에 제관들은 마니산 천재궁(天齋宮)에서 재숙하고 참성단에서 천제(天祭)를 지냈다. 그 천재궁 터가 화도면 문산리산 13번지 마니산 북록에 남아있다.

삼국시대인 기원전 18년, 온조가 한강유역에 백제를 세운 이후로는 강화도가 백제의 수도인 하남위례성(서울 풍납토성)의 관문의 역할을 했을 것이다. 단군의 세 아들을 시켜 쌓았다고 하는 삼랑성은 처음에는 흙으로 쌓은 토성이었을 것이다. 백제시대 초기까지도 토성으로 사용되었을 것으로 추정되고 있다. 그 후 삼국시대 중·후기에는 할석(割石)

으로 성벽을 쌓고 내부를 흙으로 채우는 토석 혼축 수법으로 축조되었을 것으로 추정된다. 한성백제가 하남위례성에 정도(定都)하던 시기에 서해안의 중심에 위치한 강화도는 고구려와 교류하거나 해양을 통해 해외 각지로 진출하는 전초기지의 역할을 했을 것이다. 이 시기에 강화도는 서해대도(西海大島)로 알려졌다.

고구려는 395년에 광개토왕이 백제의 서울인 하남위례성을 공격하기 위해 수군을 거느리고 관미성(關彌城)에서 전투를 벌였다.(『삼국사기』) 당시 최대 격전지였던 것으로 알려진 관미성은 한강 어구인 강화도나 부근의 어느 섬일 것으로 추정되고 있다. 고구려는 396년에 강화해협을 뚫고 아리수(한강)를 거슬러 백제의 하남위례성(풍납토성)을 함락시키고 백제 아신왕으로부터 항복을 받아냈다.(『광개토대왕릉비』) 백제는 이로써 한강 이북 58개 성 700촌을 고구려에 내줘야 했다.

강화도는 남하하는 고구려와 가장 먼저 부딪치는 접전 지역이였다. 475년 장수왕은 3만 대군을 이끌고 백제를 공격한다. 이때 백제 개로왕이 죽고 아들 문주왕은 그 해 서울을 버리고 웅진(지금의 공주)으로 수도를 옮긴다. 이로써 한강 유역은 모두 고구려 땅이 되고 만다. 이때 강화도의 이름은 혈구군(穴口郡) 또는 갑비고차(甲比古次)라고 불렀다. 교동도는 고목근현(高木根懸)이라 했다.

551년 백제의 성왕은 신라의 진흥왕과 연합해 한강 유역을 되찾았으나 553년 다시 신라에게 빼앗기고 만다. 신라는 한강 유역을 장악함으로써 풍부한 물적자원과 인적자원을 확보한다. 더욱이 한강 어귀는 서해를 거쳐 중국과 직접 교통할 수 있는 전진기지의 역할을 했던 곳이다. 이때의 신라의 대외 교통로의 첫 관문이 강화도였다. 그래서 강화도를 바다의 입구라고 해구군(海口郡)이라 불렀다.

896~97년에는 숭령(토산), 임강(장단), 인물(풍덕), 공암(양평), 검포(김포), 혈구(강화) 등 한강 하류 지역을 복속시켰다. 경기도를 위시하여 황해도, 강원도, 충청도 북부 등 한반도의 가장 중심 지역을 장악한 궁예는 898년 스스로 송악(개성)에 도읍을 정하였다. 궁예는 마침내 901년 왕(王)이라 칭하였다. 904년에 국호를 마진(摩震)이라 하고, 905년에는 도읍을 철원(鐵圓)으로 옮기고, 911년에는 국호를 태봉(泰封)이라 하였다. 궁예는 고구려를 계승한다는 명분으로 나라 이름을 후고구려(後高句麗)라 일컫기도 하였다.

후삼국시대 강화도 일대에서 활동하던 해양세력을 장악하고 있던 왕건(王建, 876~943)은 개성에서 고려를 건국한다. 고려 태조 왕건은 혈구진(穴口鎭)을 거점으로 서해(西海)를 무대로 해상활동을 하면서 세력을 키워나갔다. 918년 6월 왕건은 궁예를 몰아내고 여러 부장들로부터 추대되어 왕위에 오른 다음 고구려를 계승한다는 명분으로 국호를 고려(高麗)라 칭하였다.

고려시대에는 강화도에서 우리 민족이 잊지 못할 역사가 전개되었다. 고려 고종 18년(1231) 몽골(후에 元이라 칭함)로부터 침략을 당했고, 다음해인 1232년 고종은 왕실 귀족을 비롯한 조정 관료들과 함께 모두 강화도로 천도하였다. 그 후 원종 11년(1270)에 개경(개성)으로 환도

(還都)할 때까지 39년 동안 몽골군과 대치하면서 나라를 지킨 파란만
장한 역사가 바로 그것이다. 이때부터 강화도는 강도(江都)로 불렸다.
이 시기에 고려 사람들은 강화도 남쪽 마니산 꼭대기에 참성단을 다
시 쌓아 하늘과 단군에게 제사지내면서 우리 민족을 하나로 뭉치게
하고 국난을 당한 나라를 지키게 해달라고 기원했다.

   조선시대 인조는 1627년 금(金)나라 3만 군사의 침입을 받고 평복
차림으로 강화도로 피신하여 100일 동안 머무른 적이 있는데, 이 사
건이 바로 정묘호란(丁卯胡亂)이다.
   1636년 청나라 태종이 쳐들어왔을 때(1.26~4.10)는 인조가 미처 강
화도로 피란하지 못하고 남한산성으로 퇴각했는데, 강화도가 청나라
군대에게 넘어가고 봉림대군과 빈궁 및 여러 대신 등 200여 명이 포로
로 잡혀가자 항복하고 말았다. 이것이 병자호란(丙子胡亂)이다. 이때 강
화도는 종묘 사직을 지키기 위한 배도(背都)가 되어 유수(留守)와 경력
(經歷)을 갖추는 등 왕실의 별도(別都)의 역할을 했다. 그 뒤 효종은 인
조 때 당한 치욕을 씻기 위해 북벌을 계획하고 강화성을 위시해서 삼
랑성이나 화개산성 등 강화도의 성곽을 수축하였으며 강화도 해안에
는 월곶진, 제물진, 용진진, 광성보, 인화보, 승천보 등과 같은 방어 시
설을 새로 쌓거나 고쳐 대외 방어기지로 사용하였다. 효종의 뒤를 이
은 숙종은 강화도 해안 전역의 돌출부에 큰 톱니바퀴를 움직이는 작
은 톱니바퀴 모양으로 53개의 돈대(墩臺)와 8개의 포대(砲臺)를 설치하
여 강화도 전 지역을 요새화하였다.

근세에 와서는 서양세력이 조선을 넘보기 시작했다. 1866년 8월, 미국 아시아 함대 제너럴 셔먼호가 불법으로 조선 해협을 침입하는 사건이 발생하였다. 이 해(1866) 10월에는 프랑스 신부 리델(Ridel)과 조선인 천주교도 최인서(崔仁瑞) 등의 향도(向導)로 프랑스 함대가 한강 어귀 강화도에 쳐들어와 전란을 일으키는 사건이 발발하였다. 이것이 병인양요이다. 프랑스 군은 1개월 동안 점거한 강화성을 철수하면서 11월 10일 새벽 강화부 관아와 창고에서 당시 프랑스 화폐로 20만 프랑에 달하는 19상자의 은괴(銀塊)를 비롯하여 무기류와 군수품류 그리고 외규장각에 소장된 의궤(儀軌)와 주요 문서 및 서적 등을 약탈 노획하고 나서 강화행궁, 장녕전, 외규장각 등 관아와 민가를 모두 불태우고 강화성을 퇴각하였다.

병인양요 발발 150주년을 맞은 지금 무엇을 기념해야 하는가?

1871년 신미양요 때에는 미국의 함대가 침공하였지만 잘 막아냈다. 그러나 1875년에는 일본 군함이 강화에 침입하여 이른바 운양호사건을 일으키고 다음해 병자년(1876)에 일본의 강요로 '강화도조약'이 체결된다. 그로부터 35년 뒤인 1910년 조선은 일본에 의해 완전히 병합되고 말았다. '인후지지(咽喉之地)'와 같은 강화도가 외적에 넘어가면 곧이어 우리나라 전국토가 무너졌다. 강화도는 우리나라의 축소판(縮小版)과 같다.

강화도는 우리나라의 국난 극복의 성지(聖地)요. 보전해야할 성지(城地)이다.

🌳 저자 후기

 이 책이 나오기까지 현지를 처가집(실제로 그렇게 생각하는 사람들이 있음) 드나들듯이 돌아다니면서 조사하고 발굴하고 보존하고 공부하길 곧 반세기가 다가온다. 그 동안 조사 연구에 현지 주민이나 강화군청과 인천시청 관계자들의 많은 도움을 받았다. 그리고 수시로 현장 조사단을 구성해서 지표조사와 발굴조사를 통해 새롭게 밝혀내고 해석하려고 노력하였다. 이 과정에서 한국학대학원의 연구원과 선문대학교 고고연구소 조사원들 그리고 동양고고학연구소의 성원들이 참여하였다. 그 첫 번째 현장 조사 성과가 한국학대학원의 김기섭, 박종섭, 강신철 연구원과 함께 고려산 인근을 누비며 고인돌무덤을 찾아내고 측량하고 조사해서『강화도 고인돌무덤〔지석묘〕조사연구』(1991)를 내놓았다. 이때까지만 해도 강화도를 소개하는 책 한 권이 없을 때였다. 이에『강화도』(1994)라는 단행본을 내놓았다. 그 후 본격적으로 강화도의 고고학 분야와 역사 분야의 조사 발굴 연구를 계속하면서 30여 권의 조사보고서와 저작물을 내놓았다.

그동안 발굴조사에서 얻어낸 유물들은 강화역사박물관 개관과 함께 강화군에 이관하였다. 한편, 위의 두 권의 저작물 외에 인천일보 김진국 기자와 현지를 답사하면서 1년 동안 연재하고 『고려왕조의 꿈 강화와 만나다』(2011)를 내놓은 경험이 이번 작업에 많은 도움이 되었다. 그리고 국립문화재연구소의 진강산 일대의 고려왕릉 발굴에 참여하면서 새로운 자료를 축적할 수 있는 기회를 갖게 되면서 강화도의 역사와 문화를 새로 써야겠다고 생각한지도 여러 해를 지내오던 중에 마침 새녘의 권희준 사장의 권유도 있고 해서 용기를 내서 상재하였으나 어려운 시점에 '비문서(非文書)'바람에 잘 견뎌낼지 걱정이 앞선다. 아무리 '비문서 세상'이라고는 하지만 문서(文書)는 영원하다는 각오로 다시 세상에 내놓는다.

조사 연구에 참여한 한국학대학원의 노태천, 김영수, 김태환, 이부오 연구원과 선문대학교 고고연구소의 조사원들의 수고가 많았다. 그리고 최종수 회장, 조유전 박사, 성기의 선생의 성원에 감사드린다. 특별히 인천의 원로문인 김양수 선생과 지용택 회장, 이경재 의원께 감사하며 아울러 지금은 고인이 되신 이선근 박사, 최순우 관장, 김철준 교수, 윤세원 총장, 이경성 교수, 김재수 원장, 고병복 여사, 이길여 회장, 홍재현 선생, 이상태 선생의 지교를 잊을 수 없다. 머리 숙여 감사드린다.

2017. 4

■ 참고 문헌 ■

- 『삼국사기(三國史記)』
- 『삼국유사(三國遺事)』
- 『고려사(高麗史)』 권 10 地理志, 권 88 列傳
- 『제왕운기(帝王韻紀)』
- 『목은시고(牧隱詩藁)』
- 『世宗實錄』 권 184 地理志 江華都護府
- 『肅宗實錄』 권7, 8
- 『新增東國輿地勝覽』 권12 江華
- 『輿地圖書』(上) 江華府
- 『大東地志』 권3 江華府
- 『江華府志』(金魯鎭), 1783.
- 『續修增補江都志』(朴憲用 編), 1932.
- 『한국민족문화대백과사전』, 한국정신문화연구원, 1990.
- 三上次男, 『朝鮮原始墳墓の研究』, 吉川弘文館, 1961.
- 有光敎一, 『朝鮮櫛目文土器の研究』, 東京大學文學部, 1962.
- 朝鮮總督府 編, 『朝鮮古蹟調査報告-大正5年度』, 1916.

- 강화군, 『강화도문화재』, 1982.
- 강화군, 『문화재관리상황카드』, 1992.
- 강화군, 『마니산 참성단 정밀실측조사보고서』, 2004.
- 강화군, 『군정백서』, 2016.
- 강화역사문화연구소, 『병인양요와 강화도』, 2003.
- 강화사편찬위원회, 『증보강화사』, 강화문화원, 1988.
- 강화군 군사편찬위원회, 『신편강화사』 상.중.하, 강화군, 2003.
- 강화문원, 『강화 고려궁지 학술조사보고서』, 강화군, 2009.
- 경기도, 『畿內寺院址』, 경기도, 1988.
- 경기도 문화예술과, 『경기문화재대관』, 경기도지정편, 경기도, 1990.
- 경기도사편찬위원회, 『경기도사』 제1권, 1979.
- 국립문화재연구소, 『강화 碩陵』, 2003.
- 국립문화재연구소, 『강화 고려왕릉-가릉.곤릉.능내리석실분-』, 2007.
- 국사편찬위원회, 「무신정권과 대몽항쟁」 『한국사』7(고려), 1973.
- 국사편찬위원회, 『史庫 지조사보고서』, 1986.

- 김병모.소상영, 「강화군 여차리 빗살무늬토기 산포지 지표조사보고」 『안민도 고남리패총』, 한양대학교 박물관, 1996.
- 김상기, 『고려시대사』, 서울대 출판부, 1985.
- 김상호, 『한강 하류의 저위 침식면 지형연구』, 서울대학교출판부, 1966.
- 김성수, 『강화 덕성리 강화페르권트 조성사업 문화재 입회조사 결과보고서』, 경인문화재연구원, 2011.
- 김영원 편, 『고려 왕실의 도자기』, 국립중앙박물관, 2009.
- 김원모, 「로즈艦隊의 來侵과 梁憲洙의 抗戰(1866)」 『동양학』13, 1983.
- 김재원, 윤무병, 『한국지석묘연구』, 국립박물관, 1967.
- 동국대학교, 『강화도 학술조사보고서』, 동국대학교출판부, 1977.
- 동국대학교 박물관, 『사적 259 강화 선원사지 발굴조사보고서』, 2003.
- 동아일보, 「강화도 남쪽 개펄 해양 생태 보고」 『동아일보』 1992. 6. 8.
- 동양고고학연구소, 『고려 假闕址와 조선 鼎足鎭址-강화도 정족산 삼랑성 전등사 경내 건물지 지표조사』, 강화군, 2000.
- 동양고고학연구소, 『인천 강화외성 지표조사보고서』, 강화군, 2001.
- 리델(Ridel), 「병인양요보고서1~9」 『한국일보』 1993. 9. 24~10. 6.
- 문화재관리국, 『강화전사유적보수정화지』, 문화재관리국, 1978.
- 문화재관리국, 『문화재대관』 사적편 . 문화공보부, 1975.
- 문화재연구소, 『문화유적총람』(상), 1974.
- 박광성, 「병자란 후의 강화도 방비구축」 『기전문화연구』3, 1973.
- 박병선, 『조선조의 의궤-파리 소장본과 국내 소장본의 서지학적 비교검토』, 한국정신문화연구원, 1985.
- 서인한, 『병인, 신미양요사』, 국방부 전사편찬위원회, 1989.
- 선문대학교 고고연구소, 『강화 오상리 지석묘 발굴 및 복원보고서』, 강화군, 2001.
- 선문대학교 고고연구소, 『강화도 마니산 고려 이궁지 지표조사보고서』, 강화군, 2001.
- 선문대학교 고고연구소, 『인천 강화외성 지표조사보고서-초지구간-』, 강화군, 2001.
- 선문대학교 고고연구소, 『강화 塼城 지표조사보

- 고서』, 강화군, 2002.
- 선문대학교 고고연구소, 『강화 갑곶진주변[統制營學堂址] 지표조사보고서』, 강화군, 2003.
- 선문대학교 고고연구소, 『강화도 전등사 취향당지 발굴보고서』, 강화군, 2008.
- 양교석, 「병인양요에 관한 일연구-정족산성양헌수전첩을 중심으로」, 고려대 교육대 석사논문, 1985.
- 오경환, 「병인양요와 리델 신부의 역할」, 『병인양요에 대한 역사적 성찰』, 인천가톨릭대학교 겨레문화연구소, 1997.
- 유홍렬, 『증보한국천주교회사』(하), 카톨릭출판사, 1990.
- 윤용혁, 「고려 三別抄의 대몽항쟁」, 일지사, 2000.
- 육군박물관, 『강화도의 국방유적』, 강화군, 2000.
- 이기백, 『한국사신론』, 일조각, 1990.
- 이기백, 「고려의 무인정권」, 『한국사 시민강좌』제8집, 1991.
- 이병도, 『한국사』 중세편, 을유문화사, 1981.
- 이선근, 『대원군의 시대』, 세종대왕기념사업회, 1981.
- 이원근 외, 『한국의 성곽과 봉수』(상), 한국보이스카우트연맹, 1989.
- 이찬,손명원, 「경기도 민통선북방지역의 자연지리적 고찰」, 『민통선북방지역자원조사보고』, 경기도, 1987.
- 이형구, 「발해연안지구 遼東半島의 고인돌무덤 연구」, 『정신문화연구』32, 1987.
- 이형구, 「강화도 고인돌무덤(支石墓) 조사연구」, 한국정신문화연구원, 1992.
- 이형구, 『강화도』, 대원사, 1994.
- 이형구, 「고대 조선과 유구와의 문화교류」, 『두산김택규 박사 화갑기념논총』, 1989.
- 한울문화재연구원, 『강화 정족산성진지』, 강화군, 2010
- 이형구, 『강화도의 단군 사적과 단군 사료』, 『단군학연구』7, 2002.
- 이형구·이특구. 「목은의 사적(史蹟)」, 『목은 이색의 생애와 사상』, 목은 연구회. 일조각. 1996.
- 이형구, 『한국고대문화의 비밀』, 김영사, 2004. 새녘, 2012.
- 이형구,노태천, 「강화도 삼랑성 실측조사 연구」, 백제문화개발연구원, 1996.
- 이형구,김진국, 『고려왕조의 꿈 강화 눈뜨다』, 이너스, 2011.

- 인천시사편찬위원회, 「인천의 발자취」, 『인천광역시사』2, 인천광역시, 2002.
- 인천시립박물관, 『강화 정밀 지표조사보고서-삼산. 서도면-』, 2005.
- 인천시립박물관, 『강화 창후리 청소년 유스호스텔부지내 문화유적 박굴조사보고서』, 서해교문, 2008.
- 인하대학교 박물관, 『강화해안순환도로 확포장공사 3공구내 문화유적 지표조사보고서』, 강화군, 2000.
- 인하대학교 박물관, 『강화지역의 선사유적.유물』, 2000.
- 인하대학교 박물관, 『강화 승천포 고종사적비 주변 학술조사』, 강화군, 2002.
- 임경빈, 『천연기념물-식물편』, 대원사, 1993.
- 장명수, 「강화 동막리 빗살무늬토기의 유적과 유물」, 『고문화』30, 1987.
- 정양완, 심경호, 『강화학파의 문학과 사상』(1), 한국정신문화연구원, 1993.
- 중원문화재연구원, 『인천-강화 도로건설공사구간내J구간 문화재발굴조사』, 2009.
- 최석우, 「병인양요와 조선 천주교회」, 『병인양요에 대한 역사적 성찰』, 인천가톨릭대학교 겨레문화연구소, 1997.
- 한국불교연구원, 『전등사』, 일지사, 1989.
- 한국문화재보호재단, 『강화외성 지표조사보고서』, 강화군, 2006.
- 한국정신문화연구원, 「江都誌(1696)」, 『국역병와집』3, 1990.
- 한국정신문화연구원, 『한국구비문학대계』(1-7), 경기도 강화군편, 1982.
- 한국정신문화연구원, 「강화」, 『한국민족문화대백과사전』(1), 1988.
- 한림대학교 박물관, 『강화 조선궁전지[외규장각지]』, 강화군, 2003
- 한영우, 『다시 찾는 우리역사』, 경세원, 2015.
- 한울문화재연구원, 『강화 비지정문화재 학술조사보고서』, 강화군, 2010.
- 혜안문화재연구원, 『강화 덕성리 295-32번지 문화재 시굴조사 자문위원회 자료집』, 2017. 홍재현 편, 『강도의 발자취』, 강화문화원, 1990.
- 황규열 편, 『喬桐史』, 교동문화연구원, 1995.
- 황수영, 「고려 崔沆과 崔鴻의 묘지」, 『고고미술』106.107, 한국미술사학회, 1970.

🌳 부록

1. 강화의 문화재 지정 현황

지정 번호/명칭/소유자(보유자)/소재지/지정 연월일/관리 단체

보물 (11)
제10호, 강화 하점면 5층 석탑, 국유, 하점 장정리 산 193, 1963. 1. 21., 강화군
제11호, 강화 동종, 국유, 강화 관청리 416, 1963. 1. 21., 강화군
제161호, 정수사 법당, 정수사, 화도 장화리 467-3, 1963. 1. 21., 정수사
제178호, 전등사 대웅전, 전등사, 길상 온수리 635, 1963. 1. 21., 전등사
제179호, 전등사 약사전, 전등사, 길상 온수리 635, 1963. 1. 21., 전등사
제393호, 전등사 범종, 전등사, 길상 온수리 635, 1963. 9. 2., 전등사
제615호, 하점면 석조 여래입상, 국유, 하점 장정리 산 122, 1978. 3. 8., 강화군
제994호, 백련사 철조 아미타불 좌상, 백련사, 하점 부근리 231, 1989. 4. 10., 백련사(현재 도난됨)
제1785호, 전등사 목조 석가여래삼불좌상, 전등사, 길상 온수리 635, 2012. 12. 27., 전등사
제1786호, 전등사 목조 지장보살삼존상 및 시왕상 일괄, 전등사, 길상 온수리 635, 2012. 12. 27., 전등사
제1787호, 청련사 목조 아미타여래좌상, 청련사, 강화 국화리 550, 2012. 12. 27, 청련사

사적 (16)
제130호, 삼랑성, 국유, 길상 온수리 산 141, 1964. 6. 10., 강화군
제132호, 강화산성, 국유, 강화 국화리 산 3, 1964. 6. 10., 강화군
제133호, 강화 고려궁지, 국유, 강화 관청리 743, 1964. 6. 10., 강화군
제136호, 참성단, 국유, 화도 흥왕리 산42-1, 1964. 7. 11., 강화군
제137호, 강화 지석묘, 국유, 하점 부근리 316, 1964. 7. 11., 강화군
제224호, 고려 고종 홍릉, 국유, 강화 국화리 산 129-2, 1971. 12. 28., 강화군
제225호, 초지신, 국유, 길상 초지 624, 1971. 12. 28., 강화군
제226호, 덕진진, 국유, 불은 덕성 373, 1971. 12. 28., 강화군
제227호, 광성보, 국유, 불은 덕성리 23-1, 1971. 12. 28., 강화군
제259호, 강화 선원사지, 국유, 선원 지산리 692-1, 1971. 11. 29., 강화군
제306호, 갑곶돈, 국유 강화 갑곶리 1028, 1984. 8. 13., 강화군
제369호, 석릉, 국유, 양도 길정리 산 182, 1992. 3. 2., 강화군
제370호, 가릉, 국유, 양도 능내리 산 16-2, 1992. 3. 2., 강화군
제371호, 곤릉, 국유, 양도 길성리 산 75, 1992. 3. 2., 강화군
제424호, 성공회 강화성당, 강화 관청리 422, 2001. 01. 04, 성공회
제452호, 강화외성, 국유, 강화읍.선원면.불은면.길상면 일대, 2003. 10. 25., 강화군

천연기념물 (5)
제78호, 강화 갑곶리 탱자나무, 국유, 강화 갑곶리 1016, 1962. 12. 3., 강화군
제79호, 강화 화도 사기리 탱자나무, 국유, 화도 사기리 135-2, 1962. 12. 3., 강화군
제304호, 강화 서도면 불음도리 은행나무, 사유, 서도 불음도리산 186, 1982. 11. 4., 강화군
제419호, 강화갯벌 및 저어새 번식지, 강화 서도, 말도리, 2000. 07. 06., 강화군
제502호, 강화 참성단 소사나무, 국유, 화도 문산리 산 55, 2009. 09. 16., 강화군

중요무형문화재 (1)
제103호, 완초장, 기능보유자 이상재, 강화 관청리 150, 1996. 05. 01., 강화군

인천광역시 유형문화재 (27)

제20호, 용흥궁, 국유, 강화 관청리 441, 1972. 7. 3., 강화군
제21호, 충열사, 사유, 선원 선행리 371, 1972. 7. 3., 강화군
제24호, 연미정, 사유, 강화 월곶리 242, 1972. 7. 3., 강화군
제25호, 강화유수부 동헌, 국유, 강화 관청리 743, 1973. 7. 20., 강화군
제26호, 강화유수부 이방청, 국유, 강화 관평리 743, 1973. 7. 10., 강화군
제27호, 보문사 석실, 보문사, 삼산 매음리 629-1, 1974. 9. 26., 보문사
제28호, 교동향교, 사유, 교동 읍내리 148, 1974. 9. 28., 향교재단
제29호, 보문사 마애석불좌상, 보문사, 삼산 매음리 629-1, 1975. 9. 5., 보문사
제30호, 강화 석수문, 국유, 강화읍 관청리 서문, 1975. 9. 15., 성공회
제33호, 택지돈대, 국유, 길상 선두 954, 1995. 11. 14., 강화군
제34호, 강화향교, 향교, 강화 관청 938-2, 1995. 11. 14., 향교 재단
제35호, 삼암돈대, 내가면 외포리 산 223-4외1, 1999. 03. 29, 강화군
제36호, 분오리돈대, 화도면 사기리 산 185-1 외 4, 1999. 03. 29, 강화군
제38호, 적석사 사적비, 내가면 고천리 산 74, 2001. 04. 02, 적석사
제41호, 강화 온수리 성공회 사제관, 길상면 온수리 505-7, 2002. 02. 04, 성공회
제43호, 전등사 약사전 연왕탱, 길상면 온수리 635, 2002. 12. 23, 전등사
제44호, 전등사 약사전 후불탱, 길상면 온수리 635, 2002. 12. 23, 전등사
제45호, 전등사 법화경판, 길상면 온수리 635, 2002. 12. 23, 전등사
제46호, 전등사 청동수조, 길상면 온수리 635, 2002. 12. 23, 전등사
제47호, 전등사 업경대, 길상면 온수리 635, 2002. 12. 23, 전등사
제48호, 전등사 대웅전 수미단, 길상면 온수리 635, 2002. 12. 23, 전등사
제52호, 강화 온수리 성공회 성당, 길상면 온수리 505-3, 2003. 11.10, 성공회
제53호, 강화 청련사 큰법당 삼장탱, 강화읍 국화리 550, 2004. 04. 06,
제54호, 강화 청련사 현왕탱, 강화읍 국화리 550, 2004. 04. 06, 청련사
제55호, 강화 청련사 원통암 감조왕탱, 강화읍 국화리 550, 2004. 04. 06, 청련사
제57호, 전등사 약사전 석조악사여래좌상, 강화읍 온수리 550, 2004. 04. 06, 전등사
제60호, 강화 솔정리 고씨 가옥, 송해면 솔정리 337, 2006. 05. 15, 강화군

인천광역시 무형문화재 (3)
제8호, 강화 외포리 곶창굿, 기능보유자 정정재, 1997. 7. 14.
제12호, 강화 용두래질 소리, 기능보유자 최성우.황인범, 2003. 11.10.
제19호, 강화 갑비고차 농악, 기능보유자 전내익.임명선, 2008. 12. 10.

인천광역시 기념물 (34)
제15호, 이규보 묘, 사유, 길상 길직리 산 15, 1972. 7. 3., 이씨종중
제16호, 내가 지성묘, 국유, 내가 오상리 산 125, 1972. 7. 3., 강화군
제17호, 보문사 향나무, 보문사, 삼산 매음리 678, 1981. 7. 16., 보문사
제18호, 봉천대, 국유, 하점 신봉리 산 63, 1972. 7. 3., 강화군
제19호, 장곶돈대, 국유, 화도 장화리 산 113, 1972. 7. 2., 강화군
제20호, 강화전성, 국유, 불은 오두리 362, 1972. 7. 2., 강화군
제22호, 계룡돈대, 국유, 내가 황청 282, 1974. 9. 26., 강화군
제23호, 교동읍성 6, 국유, 교동 읍내리, 577, 1974. 9. 26., 강화군
제24호, 천재암궁지, 강화군, 화도 문산리 산 13, 1988. 7. 21., 강화군
제25호, 갑곶나루 선착장 석축로, 강화군, 강화 갑곶리, 1988. 3. 4., 강화군
제26호, 허유전 묘, 사유, 불은 두운리 297, 1988. 12. 2., 허씨문중
제27호, 강화 인산리 석실분, 강화군, 강화 양도 인산, 1993. 6. 3., 강화군
제28호, 강화 능내리 석실분, 강화군, 강화 양도 능내, 1993. 6. 3., 강화군
제29호, 이건창 묘, 국유, 양도 건평지, 655-1, 1994. 10. 29., 이씨문중
제30호, 이건창 생가, 국유, 화도 사기리 167-3, 1994. 10. 29., 강화군

제31호, 강화 대산리 지석묘, 국유, 강화 대산리 1189, 199+4. 10. 29., 강화군
제32호, 강화 부근리 점골 지석묘, 국유, 하점 부근리 743-4, 1994. 10. 29., 강화군
제35호, 김상용 순절비, 국유, 강화 관청리 416, 1972. 5. 4., 강화군
제36호, 양헌수 승전비, 국유, 길상 온수리 산 42, 1972. 5. 4., 전등사
제37호, 망양돈대, 내가면 외포리 680, 1999. 03. 29, 강화군
제38호, 건평돈대, 양도면 건평리 산 39, 1999. 03. 29, 강화군
제39호, 굴암돈대, 양도면 하일리 487 외 1, 1999. 03. 29, 강화군
제40호, 미루지돈대, 화도면 여차리 170-2, 1999. 03. 29, 강화군
제41호, 북일곶돈대, 화도면 장화리 산 361, 1999. 03. 29, 강화군
제42호, 용진진, 선원면 연리 215 외 9, 1999. 03. 29, 강화군
제44호, 강화 부근리 고인돌군, 하점면 부근리 317 외 79, 1999. 04. 26, 강화군
제45호, 강화 삼거리 고인돌군, 하점면 삼거리 산 118 외 15, 1999. 04. 26, 강화군
제46호, 강화 고천리 고인돌군, 내가면 고천리 산 96 외 , 1999. 04. 26, 강화군
제47호, 강화 오상리 고인돌군, 내가면 오상리 산 124 외 15, 1999. 04. 26, 강화군
제48호, 강화 교산리 고인돌군, 양사면 교산리 산 108 외 33, 1999. 04. 25, 강화군
제49호, 강화 통제영학당지, 강화읍 갑곶리 1061 외 4, 2001. 04. 02, 강화군
제56호, 정제두 묘, 양도면 하일리 산 65, 2007. 02. 26. 정씨문중
제64호, 강화 망산봉수, 내가면 외포리 산131, 2011. 12. 29, 강화군
제65호, 황형 묘, 강화읍 월곶리 산72-1, 2013. 08. 02, 황씨문중
제66호, 감화 정족산성진지, 길상 온수리 644, 2014. 4. 16., 전등사
제67호, 강화 정족산사고지, 길상 온수리 644, 2014. 4. 16., 전등사

인천광역시 문화재자료 (12)
제7호, 전등사 대조루, 길상 온수리 635, 1983. 9. 19., 전등사
제8호, 철종외가, 선원 냉정리 264, 1983. 9. 19., 염국명
제9호, 원충사지, 하점 이강리 산 177, 1983. 9. 19., 강화군
제10호, 선수돈, 화도 내리 1831, 1983. 9. 19., 강화군
제11호, 망월돈 및 장성, 하점 망월리 2106, 1983. 9. 19., 강화군
제13호, 참성단중수비, 화도 흥왕리, 1997. 7. 14., 강화군
제14호, 강화 서도 중앙교회, 서도 주문리, 1997. 7. 14. 중앙교회
제17호, 화도돈대, 선원면 연리 54, 1999. 3. 29, 강화군
제18호, 무태돈대, 하점면 창후리 산 151-4 외1, 강화군
제21호, 전등사 대웅전 후불탱, 길상 온수리 635, 전등사
제22호, 전등사 강설당 아미타불탱화, 길상 온수리 635, 전등사
제23호, 김취려 묘, 양도 하일리 산71, 김씨문중

인천광역시 민속자료 (1)
제8호, 보문사 맷돌, 참산 매음리 629-1, 1995. 3. 1., 보문사

인천광역시 향토유적 (19)
제1호, 윤집 택지, 강화읍 월곶리 615-1, 1986. 04. 01, 강화군
제2호, 강화 중성, 강화읍 선원면, 1986. 04. 01, 강화군
제3호, 황형 택지, 강화읍 월곶리 242, 1986. 04. 01, 강화군
제5호, 보만정지, 강화읍 국화리 282, 1986. 04. 01, 강화군
제7호, 철종 외가 묘, 선원면 냉정리 산 70-46, 1986. 04. 01, 강화군
제9호, 경고비, 불은면 덕성리 836, 1986. 04. 01, 강화군
제10호, 쌍충비각, 불은면 덕성리, 1986. 04. 01, 강화군
제11호, 정족산 가궐지, 길상면 온수리 산 48, 1986. 04. 01, 전등사
제12호, 선원보각지, 길상면 온수리 산 48, 1986. 04. 01, 전등사

제13호, 고려 이궁지, 화도면 흥왕리 404-1, 1986. 04. 01, 강화군
제17호, 홍익한 택지, 화도면 흥왕리 산 30-2, 1986. 04. 01, 강화군
제18호, 분청사기 요지, 화도면 사기리 산 178, 1986. 04. 01, 강화군
제19호, 함허 대사 부도, 화도면 사기리 산 86, 1986. 04. 01, 강화군
제25호, 봉가지, 하점면 부근리 420-2, 1986. 04. 01, 강화군
제26호, 신삼리 지석묘, 하점면 신삼리 69, 1986. 04. 01, 강화군
제27호, 석주 권필 유허비, 송해면 하도리 892, 1986. 04. 01, 강화군
제28호, 연산군 적거지, 교동 읍내리 270, 1986. 04. 01, 강화군
제29호, 교동 봉수대, 교동 고구리 233, 1986. 04. 01, 강화군
제30호, 고구리 산성지, 교동 고구리 산 145, 1986. 04. 01, 강화군

2. 강화도 국방 유적

진(이름/설치 연대/소재지/관할/배치/현재 상태)
월곶진, 효종 7년(1656), 강화읍 월곶리, 4개돈 관할, 교동서 옮김, 군수품 배치, 복원
제물진, 효종 7년(1656), 강화읍 갑곶리, 4개돈 관할, 군수품 배치, 복원
용진진, 효종 7년(1656), 선원면 연리, 3개돈 관할, 군수품 배치, 완파
덕진진, 현종 7년(1666), 불은면 덕성리, 3개돈 관할, 군수품 배치, 완파
초지진, 현종 7년(1656), 길상면 초지리, 3개돈 관할, 군수품 배치, 복원

보(이름/설치 연대/소재지/관할/배치/현재 상태)
광성보, 효종 9년(1658), 불은면 덕성리, 3개돈 관할, 군수품 배치, 복원
선두보, 숙종 32년(1706), 길산면 선두리, 3개돈 관할, 군수품 배치, 완파
장곶보, 숙종 2년(1676), 화도면 장화리, 4개돈 관할, 군수품 배치, 완파
정포보, 현종 7년(1666), 내가면 외포리, 4개돈 관할, 군수품 배치, 완파
인화보, 효종 7년(1656), 양사면 인화리, 5개돈 관할, 군수품 배치, 완파
철곶보, 효종 7년(1656), 양사면 철산리, 5개돈 관할, 군수품 배치, 완파
승천보, 효종 7년(1656), 양사면 철산리, 5개돈 관할, 군수품 배치, 완파

돈(이름/설치 연대/소재지/관할/배치/현재 상태)
적북돈, 숙종 5년(1679), 강화읍 대산리, 완파
휴남돈, 숙종 5년(1679), 강화읍 월곶리, 완파
월곶돈, 숙종 5년(1679), 강화읍 월곶리, 완파
옥창돈(옥포돈), 숙종 5년(1679), 강화읍 월곶리 완파
망해돈, 숙종 5년(1679), 강화읍 월곶리, 완파
제승돈, 숙종 5년(1679), 강화읍 월곶리, 완파
염주돈, 숙종 5년(1679), 강화읍 갑곶리, 완파
갑곶돈, 숙종 5년(1679), 강화읍 갑곶리, 복원
가리산돈(더리미돈), 숙종 5년(1679), 선원면 신정리, 완파
좌강돈, 숙종 5년(1679), 선원면 연리, 완파
용당돈, 숙종 5년(1679), 선원면 연리, 반파
화도돈, 숙종 5년(1679), 불은면 넙성리, 완파
오두돈(오두정돈), 숙종 5년(1679), 불은면 오두리, 양호
광성돈, 숙종 5년(1679), 불은면 덕성리, 복원
용두돈, 숙종 5년(1679), 불은면 덕성리, 복원
덕진돈, 숙종 5년(1679), 불은면 덕성리, 복원
초지돈, 숙종 5년(1679), 길상면 초지리, 복원
장자평돈, 숙종 5년(1679), 길상면 선두리, 완파

섬암돈, 숙종 5년(1679), 길상면 선두리, 완파
택지돈, 숙종 5년(1679), 길상면 선두리, 완파
동검북돈(소검도돈), 숙종 5년(1679), 길상면 선두리, 반파
후애돈, 숙종 5년(1679), 길상면 선두리, 완파
양암돈, 숙종 5년(1679), 길상면 선두리, 폐지
갈곶돈, 숙종 5년(1679), 화도면 사기리, 폐지
분오리돈, 숙종 5년(1679), 화도면 동막리, 양호
송곶돈, 숙종 5년(1679), 화도면 동막리, 반파
미곶돈, 숙종 5년(1679), 화도면 동막리, 양호
북일곶돈(북일돈), 숙종 5년(1679), 화도면 흥왕리, 양호
장곶돈, 숙종 5년(1679), 환도면 장화리, 양호
금암돈, 숙종 5년(1679), 양도면 능내리, 완파
송강돈(선수돈), 숙종 5년(1679), 양도면 내리, 양호
굴암돈, 숙종 5년(1679), 양도면 건평리, 양호
건평돈, 숙종 5년(1679), 양도면 건평리, 양호
망양돈, 숙종 5년(1679), 내가면 외포리, 반파
삼암돈(삼삼암돈), 숙종 5년(1679), 내가면 황청리, 양호
석각돈, 숙종 5년(1679), 내가면 황청리, 완파
계룡돈, 숙종 5년(1679), 내가면 황청리, 완파
망월돈, 숙종 5년(1679), 하점면 망월리, 반파
무치돈, 숙종 5년(1679), 하점면 창후리, 반파
인화돈, 숙종 5년(1679), 양사면 인화리, 완파
광암돈, 숙종 5년(1679), 양사면 인화리, 완파
구등돈(구릉곶돈), 숙종 5년(1679), 양사면 인화리, 완파
작성돈, 숙종 5년(1679), 양사면 인화리, 완파
초루돈, 숙종 5년(1679), 양사면 인화리, 완파
불암돈, 숙종 46(1720), 양사면 교산리, 양호
의두돈, 숙종 5년(1679), 양사면 철산리, 양호
철북돈, 숙종 44년(1718), 양사면 북성리, 완파
천진돈, 숙종 5년(1679), 양사면 철산리, 완파
석우돈, 숙종 5년(1679), 송해면 당산리, 완파
빙현돈, 숙종 44년(1718), 송해면 당산리, 완파
소우돈, 숙종 5년(1679), 송해면 승뢰리, 완파
숙용돈, 숙종 5년(1679), 송해면 승뢰리, 양호
낙성돈, 숙종 5년(1679), 강화읍 대산리, 완파

포대(이름/설치 연대/소재지/관할/배치/현재 상태)
황산포대, 고종 8년(1871), 길상면 초지리 대황산도, 대포 6문, 완파
진남포대, 고종 8년(1871), 길상면 초지리, 대포 12문, 완파
남장포대, 고종 8년(1871), 불은면 덕성리, 대포 10문, 복원
오두정포대, 고종 8년(1871), 불은면 오두리, 대포 6문, 완파
사망금포대, 고종 8년(1871), 선원면 연리, 대포 6문, 완파
용진포대, 고종 8년(1871), 선원면 지산리, 대포 8문, 완파
갑곶포대, 고종 8년(1871), 강화읍 갑곶리, 대포 8문, 복원
인화성포대, 고종 8년(1871), 양사면 인화리, 대포 9문, 완파

봉수(이름/통신)
대포산봉수, 김포 약산과 강화 진강산으로 연락, 군인 16명
진강산봉수, 대모산과 내가면 덕산으로 연락

하음산봉수, 교동 화개산과 강화 남산으로 연락(일명 봉천대)
남산봉수, 봉천산과 통진 남산으로 연락, 전라, 충청, 통진에서 받음
덕산봉수, 강화 진강산과 교동 화개산으로 연락
화개봉수, 내가덕산과 화음산으로 연락
수정산봉수, 연백 간원산과 그곳 각 산에서 연락(교동 산명)
진망산봉수, 장봉에서 볼음도를 거쳐 말도로 하여 이곳 본부로 연락

요망대(이름/요망자 숫자)
1. 말도요망대, 서도면 말도리 산 68-1, 해발 110m
2. 불음도요망대, 서도면 불음도리 산 7-21, 해발 83m 봉화산
3. 어류정요망대, 삼산면 매음리 산 399, 해발 52m

3. 李亨求 敎授 仁川.江華地域 文化財關係 調査硏究 著錄目錄(論文 除外)

1. 李亨求:『江華島고인돌무덤(支石墓)調査硏究』, 한국정신문화연구원. 1992.7.
2. 이형구:『강화도』, 대원사, 1994.7.
3. 이형구:『'95 문화유적 총람-인천광역시편』(CD), 국립문화재연구소. 1995.9.
4. 이형구(편저):『강화도문화권 고적답사 자료집』, 선문대학교 역사학과, 1996,1
5. 李亨求:『江華島 三郞城 實測調査 硏究』, 백제문화개발연구원. 1996.12.
6. 이형구(편저):『강화도문화권 고적답사 자료집』, 선문대학교 역사학과, 1998,10.
7. 李亨求:『高麗 假闕地와 朝鮮 鼎足山城-江華島 鼎足山 三郞城 傳燈寺境內 建物址 地表 調査』, 선문대학교 고고연구소 · 전등사. 2000.4.
8. 李亨求:『仁川廣域市(인천.강화.옹진) 文化財案內板 案內文案集』, 동양고고학연구소 · 인천광역시. 2000.12.
9. 李亨求:『桂陽山一帶 文化遺蹟 地表調査 報告書』,선문대학교 고고연구소 · 인천광역시.2001.6.
10. 李亨求:『江華島 摩尼山 高麗離宮趾 地表調査報告書』, 선문대학교 고연구소 · 강화군.2001.6.
11. 李亨求:『仁川江華外城 地表調査報告書-草芝區間』,동양고고학연구소.2001.8.
12. 李亨求:『仁川大谷洞 고인돌무덤 地表調査報告書』,동양고고학연구소.2001.8.
13. 이형구(주관):『고려 팔만대장경과 강화도 학술심포지움 및 자료집』, 새얼문화재단 · 인천광역시 문화재위원회, 2001.12.
14. 李亨求:『江華鰲上里支石墓發掘및復元報告書』,선문대학교 고고연구소 · 강화군.2002.5.
15. 李亨求:『江華䃳城 地表調査 報告書』, 신문대학교 고고연구소 · 강화군. 2002.0.
16. 이형구(편저):『강화도문화권 고적답사 자료집』, 선문대학교 역사학과, 2002,10.
17. 李亨求(공저):『인천광역시사(2) 인천의 발자취-역사』,인천광역시사편찬위원회.2003.2.
18. 李亨求(공저):『新編 江華史(중) 문화와 사상』, 강화군 군사편찬위원회. 2003.2.
19. 李亨求:『인천의 문화재』, 인천광역시. 2003.3.
20. 李亨求:『江華 甲串津 周邊[統制營學堂址] 地表調査 報告書』, 선문대학교 고고연구소 · 강화군. 2003.12.
21. 이형구:『발해연안에서 찾은 한국고대문화의 비밀』, 김영사, 2004.7.
22. 이형구(편저):『강화도문화권 고적답사 자료집』, 선문대학교 역사학과, 2004,10.
23. 李亨求:『江華島 고인돌무덤 調査硏究』(重刊本). 춘추각. 2006.1.
24. 李亨求(共著):『江華 三郞城 綜合整備 基本計劃』, 강화군, 2006.9.
25. 李亨求:『仁川 西區 元堂洞 金安鼎先生墓域 實測調査』,동양고고학연구소. 2006.10.
26. 이형구(편저):『강화도문화권 고적답사 자료집』, 선문대학교 역사학과, 2007,10.
27. 李亨求:『江華島 傳燈寺 翠香堂址 發掘報告書』, 선문대학교 고고연구소. 인천광역시 강화군. 2008.6.
28. 李亨求:『桂陽山城 發掘報告書』, 선문대학교 고고연구소 · 인천광역시 계양구. 2008.10.
29. 이형구(공저):『고려왕조의 꿈 江華 눈 뜨다』,『인천일보』,2010.3.17~10.27일자 연재.
30. 이형구(공저):『고려왕조의 꿈 江華 눈 뜨다』, 이너스, 2011.3.
31. 이형구:『한국고대문화의 비밀-발해연안문명의 여명을 밝히다』, 새녘, 2012.12.

■ 이형구李亨求 약력 ■

본관 한산(韓山)

현임

선문대학교 석좌교수

동양고고학연구소 소장

서울문화사학회 부회장

고조선단군학회 명예회장

학력

중동고등학교 졸업(1962)

홍익대학교 졸업(1966)

국립대만대학교 대학원 고고인류학과 졸업 문학석사(1978)

국립대만대학교 대학원 역사학과 졸업 문학박사(1987)

경력

전)대만 고궁박물원 객원연구원(1975~1981)

전)대만 중앙연구원 역사어언연구소 방문학인(1986~1987)

전)중국 북경대학교 고고학과 객좌교수(1994)

전)문화관광부 문화재전문위원(사적분과,1977~2007, 30년 근속)

전)문화재청 문화재위원(사적분과,2007~2009)

전)경기도 문화재위원(1990~2000)

전)인천시 문화재위원(1995~2012) 및 문화재위원회 위원장

전)한국정신문화연구원(현 한국학중앙연구원) 역사연구실 교수(1979~1995).

    자료조사실장(1984~1995)

전)한국학대학원 교수(1982~1995)

전)한성백제박물관 건립추진위원(2000~2012)

전)선문대학교 역사학과 교수(1996~2009).고고연구소장. 중앙도서관장.

전)선문대학교 대학원장(2004~2006)

전)고조선단군학회장(2008~2912)

주요활동

'발해연안문명' 규명 조사연구 활동(1975~현재)

일본 오키나와(沖繩) 역사 문화 조사연구(1973~현재)

광개토대왕릉비 왜곡진상 조사연구(1975~현재)

서울 풍납토성 한성백제 왕궁유적 발견(1997.1) 및 보존 운동(1981~현재)

서울 송파구 석촌동 고분군 보존운동 전개(1981~현재)

강화도 국방사적 보존운동 및 조사연구(1981~현재)

강화도 고인돌무덤 조사 및 유네스코 세계문화유산 등제(1981~2000)

중국 고구려 유적 조사연구(1990~현재)

고대사 문제 남북학술회의 주관(일본 오사카, 1995)

개성 영통사 복원 및 고구려전추진위원회 남측대표로 북한 방문(2003~3)

서울 강남구 역삼동 청동기시대 유적 보존운동(2000~현재)

춘천 중도 유적 조사연구 및 보존운동(2005~현재)

주요저서

『중국동북신석기시대급청동기시대지문화』, 국립대만대학 석사논문, 1987.

『발해연안 고대문화의 연구』, 국립대만대학 박사논문, 1987.

『광개토대왕릉비 신연구』(박노희 공저), 동화출판사, 1986.(문화부 우수도서)

『한국고대문화의 기원』, 까치, 1991.(비소설부분 베스트셀러)

「강화도 고인돌무덤(지석묘) 조사연구』, 한국정신문화연구원, 1992.

『갑골학 60년』(번역), 민음사, 1993.(한국일보주관 출판문화상 번역부분 후보)

『강화도』, 대원사, 1994.

『한국고대문화적기원』(강의록), 중국 북경대학, 1994.

『중한고대문화지관계』(강의록), 중국 북경대학, 1994.

『조선고대문화의 기원』, 일본 웅산각, 1995.

『단군을 찾아서』(편저), 살림터, 1994.

『단군과 단군조선』(편저), 살림터, 1995.

「단군과 고조선」(편저), 살림터, 1999.

『한국의 암각화』(공저), 한길사, 1996.

『서울 풍납토성[백제왕성] 실측조사연구』, 백제문화개발연구원, 1997.

『강화도 오상리 고인돌무덤 발굴조사』, 선문대학교 고고연구소, 2002.

『백제의 도성』, 주류성, 2004.

『한국고대문화의 비밀』, 김영사, 2004.

『계양산성 발굴조사』, 선문대학교 고고연구소, 2008.

『코리안 루트를 찾아서』(공저), 성안당, 2009.(문화재청장 추천도서)

『고려왕조의 꿈 강화 눈 뜨다』(공저), 이너스, 2011.

『한국고대문화의 비밀』, 새녘출판사, 2012.

『광개토대왕릉비』(박노희 공저), 새녘출판사, 2014.

『발해연안문명』, 상생출판사, 2015.

『미국 서부의 암각화와 만나다』, 민속원, 2015.(문체부 세종도서)

『춘천 중도 유적 보존을 위한 백서』, 동양고고학연구소, 2015.

『춘천 중도 유적 보존을 위한 백서』, ebook, 새녘, 2015.

• 강화전성에서 저자와 부인(박노희) 합영(2007. 12. 12)

강화도의 역사와 문화

이형구 지음

1판 1쇄 인쇄 2017년 5월 29일
1판 1쇄 발행 2017년 6월 5일

발행처 새녘출판사
발행인 권희준
책임편집 조옥임
디자인 씨오디
인쇄 천일문화사

출판등록 2011년 10월 19일(제313-2012-93호)
주소 경기도 파주시 미래로 562
전화 02-323-3630 **팩스** 02-6442-3634 **이메일** books@saenyok.com

ISBN 978-89-98153-37-3 03910

책값은 뒤표지에 있습니다. 잘못된 책은 구입하신 곳에서 바꾸어 드립니다.

이 도서의 국립중앙도서관 출판시도서목록(CIP)은 e-CIP 홈페이지
(http://www.nl.go.kr/cip.php)에서 이용하실 수 있습니다.
(CIP제어번호: CIP2017012449)